일상이 고고학
나 혼자 분청사기 여행

일상이 고고학

나 혼자 분청사기 여행

황윤 역사 여행 에세이

책읽는고양이

프롤로그

2015년 어느 날 봄, 오사카를 찾은 나는 이곳에 올 때면 반드시 방문하는 장소로 천천히 걸어갔다.

오사카의 도지마강(堂島川)과 도사보리강(土佐堀川) 사이에 있는 섬, 나카노시마(中之島). 이곳에는 간사이전력 본점, 일본은행 오사카 지점, 오사카 시청, 오사카부립 나카노시마도서관, 오사카시 중앙공회당 등 오사카의 주요 관공서가 몰려 있다.

이 중 내가 좋아하는 곳은 국립국제미술관과 오사카시립동양도자미술관이다. 국립국제미술관은 인상파, 유럽 중세 미술 등 최고 수준의 서양 미술 특별 전시가 종종 있어 그렇고, 오사카시립동양도자미술관은 도자기를 사랑하는 나에게 최고로 매력적인 장소이기 때문이다.

자, 그럼 오늘도 서양 미술 전시는 충분히 보았으니 이제 동쪽으로 쭉 걸어가볼까. 1km 정도 걸어가다보니 근대에 건축된 건물들을 지나, 드디어 밝은 갈색 벽돌 건물이 보인다. 오사카시립동양도자박물관이다.

출입문을 열고 안으로 들어가 프런트에서 "チケット1枚(티켓 하나요)."라 말하니 직원이 할인 관련 종이를 보여주며, 이 중에서 내게 해당되는 부분이 있는지 물어본다. 고개를 좌우로 흔들며 포함 안 된다고 한 후 티켓을 구입했다. 그러곤 프런트 옆에 놓인 여러 도록을 눈으로 슬쩍 확인해보다가 한시라도 빨리 도자기를 보고 싶은 마음에 2층으로 올라갔다.

2층으로 올라가 도자기를 보니 오랜만에 보는데도 여전하네. 친한 친구를 다시 만난 느낌으로 하나하나 눈도장 인사를 한다. 이곳 박물관에는 중국, 한국, 일본의 근대 이전 도자기가 가득하다. 특히 일본에 있는 박물관임에도 중국, 한국 도자기가 더 많은 것은 흥미로운 점. 그래서인지 몰라도 한국인 관람객을 이곳저곳에서 매번 만나곤 한다. 당장 저쪽에도 한국인 관람객이 도자기를 감상 중이군.

하나하나 즐겁게 도자기를 눈으로 확인하고 있는데, 내 앞에 두 명의 중년 남성이 멈춰서 도자기 한

오사카시립동양도자미술관.

점을 세밀히 보고 있다. 아무래도 이 두 사람은 프랑스 사람 같군. 지금은 프랑스 말을 거의 할 줄 모르나 대학 시절 잠깐 배운 적이 있거든. 얼마나 자세히 보는지 아예 무릎을 꿇고 감탄의 탄성을 하며 보는 중. 유리창 안으로 빨려들어갈 정도의 집중력으로 한 점의 도자기에 빠져 있네! 이렇듯 두 사람이 도자기 한 점에 푹 빠져 있기에 나는 전시관을 한 바퀴 돌고 다시 오고자 마음먹는다.

　그런데 이게 왠걸. 대충 한 바퀴 돌고 왔는데도 여전히 그 도자기를 보면서 이야기 중인 것이 아닌가? 두 사람은 이제 선 채로 턱에 손을 괴고 도자기에 대해 토론을 하고 있는 듯했다. 프랑스어를 잘할 줄 안다면 왜 저러는지 물어볼 텐데….

드디어 두 사람이 떠나 나도 도자기를 본다. 두 프랑스인은 이 도자기의 어느 부분에서 매력을 느낀 걸까? 해당 도자기는 패널에 '분청백지상감 선문 보(粉青白地象嵌條線文簠)'라 한글로 표기되어 있군. 즉 분청사기다. 물론 나 역시 무척 익숙한 도자기다. 이곳을 방문할 때마다 이미 여러 번 보았고, 이와 비슷한 디자인의 도자기를 한국에서도 만난 적이 있기 때문.

추상화처럼 선과 면이 붓으로 쓱쓱 그려진 표면, 거친 듯 기품 있는 사각 형태, 이는 분청사기의 매력이 그대로 담긴, 조선 시대 제기(祭器)로 사용한 도자기다. 그러나 이곳 박물관을 방문한 대부분의 한국인들은 이 도자기에 큰 관심이 없다. 화려한 명성으로 유명한 고려청자, 송나라 여요, 관요 등 청자가 최고 인기 품목이고 그 외에도 중국과 조선의 청화백자 등이 그 뒤의 명성을 잇고 있으니 말이지.

그런데 묘하게도 서양에서는 분청사기를 높게 평가하더라. 비단 오사카시립동양도자미술관뿐만 아니라 국내 국립중앙박물관, 리움미술관 등에서도 분청사기 전시관에서 가장 관심을 가지고 보는 이들은 다름 아닌 서양인들인 듯싶다. 왜 그런 걸까?

분청백자상감 선문 보, 오사카시립동양도자미술관.

차례

1
분청사기 제기

2010년 여름 호림박물관

매달 마지막 주 목요일, 이날은 강남 신사동에 있는 호림박물관이 무료로 문을 여는 날이다. 한달 중 딱 하루 입장료를 받지 않는데, 이 시기에 맞추어 나는 호림아트센터에 종종 방문한다. 무료로 방문하는 대신 비싼 호림박물관 전시 도록을 종종 사니까. 서로 샘샘?

제목이 "분청사기 제기 전시"라⋯. 크게 기대하고 간 것이 아니었는데, 이럴 수가⋯.

이번 호림 전시는 내가 본 수많은 미술 전시 중 단연 톱 5위 안에 들어가는 전시가 되고 말았다. 호림박물관은 확실히 이런 식의 전시, 즉 그동안 큰 관심과 기대 받지 못했던 유물을 전시를 통해 제대로

호림박물관 신사분관 호림아트센터. ⓒPark Jongmoo

부각시켜 널리 알리는 것을 참 잘한다. 숨어 있는 진주 찾기랄까.

사실 분청사기는 그동안 한국 도자기 세계에서 큰 대접을 받지 못했다. 고려청자와 조선백자 사이에 과도기적 도자기? 이러한 인식이 대부분이다. 그래서인지 대중뿐만 아니라 전문가들의 논문이나 도자기 관련 책에서도 청자나 백자가 주인공인 경우는 많아도 분청사기는 그에 비해 드문 편이다. 분청사기로 명성을 지닌 전공자라면 강경숙 교수 정도.

청자와 백자는 기획 전시도 꽤 많은 반면 분청사기는 상설 전시에서나 볼 수 있으며, 그것도 주목받는 위치에 있지 못했다. 대부분 청자와 백자 사이의 징검다리처럼 전시될 뿐이니까. 물론 나 역시 딱 그 정도 수준으로 분청사기를 이해하고 있었다. 왠지 깔끔한 청자, 백자에 비해 못생겨 보이기도 하고.

하지만 호림박물관에서 분청사기 제기를 만나면서 생각이 완전히 달라졌다. 분청사기의 자유분방한 표현 속에서도 제기만의 엄격한 격식을 갖춘 모습에 이질적이면서 현대적인 감각이 느껴진 것이다. 그동안 전혀 생각하지 못한 묘한 매력이었다.

사실 제기라고 하는 것은 제사를 지내기 위해 쓰는 물건이다. 이를 나무 또는 동으로 만드는 경우가 많았는데, 조선 태종, 세종 시기에 들어와 무기와 화폐, 금속 활자 등의 제작 때문에 동이 매번 부족하였다. 이에 도자기로도 제기를 만든 것이다. 그 과정에 지방 곳곳에 위치한 도자기 요에서 필요한 시장 수요만큼 분청사기 제기를 만들었고, 요마다 개성이 있으니 그릇의 형태나 맛이 다 다르다. 그럼에도 제기라는 엄격한 격식이 요구되었기에 어느 정도의 균형은 잡았다. 덕분에 금속 제기의 엄격한 선을 도자기 특유의 따뜻한 감각으로 반영하여 그려내고 있는 것이다.

뿐만 아니라 표면에는 추상화된 형태의 다양한 그림이 그려져 있다. 이 역시 동으로 만든 제기의 표면을 모방하여 그린 것인데, 일일이 사람의 손으로 그린 것이라 그런지 깊게 우러나오는 느낌이 든다. 이 선들은 번개나 물결, 산 등을 그린 것으로 자연의 형상을 그대로 도자기에 입힌 것이라 할 수 있지. 즉 추상화된 산수화라 보아도 되겠지?

그렇게 종합적으로 보니, 도자기 자체가 반추상 작품에 가까운 느낌이다. 자연과 사물을 간략화하되 그 형태의 이미지는 최소한 남겨놓은 모습. 화가 김환기의 추상화와 함께 전시해도 꽤 어울리지 않을까? 표현법에서 꽤 유사함이 느껴지거든. 그렇다면 조선 시대 사람들은 어떤 감각으로 이 도자기를 만들었으며, 당대 기록에는 어떻게 남아 있을지 궁금해진다.

기록 속 분청사기 제기

정사를 보았다. 임금이 말하기를,

"전사(典祀; 제사 관련한 일을 하는 벼슬)가 제기(祭器)를 구워 만들자고 하는데 어떠냐?"

고 하니, 예조 판서 허조가 아뢰기를,

"자기는 부서지기 쉬워 먼 데서 운반해오기가 매우 곤란하오니, 견고한 동기(銅器)만 못합니다. 왜국 상인의 동(銅)·납·철을 사들여 부어 만들게 하옵소서."

하니, 임금이 그렇겠다고 하였다.

《조선왕조실록》 세종 1년(1419) 4월 13일

라는 기록이 있다. 도자기로 제기를 만드는 것에

대해 세종이 물으니 이에 대해 허조가 말하길 동(銅)으로 만든 것보다 못하다 하여 넘어가는 내용이다. 이 내용으로 보아 당시 제기의 경우 가능한 동으로 만들고자 했음을 알 수 있다. 그러나 결국 동이 부족했는지 세종 5년(1423) 기록에 따르면 국가 제사임에도 도자기 제기를 쓰는 내용이 나온다. 여러 그릇 명칭 뒤에 자기(磁器)를 쓴다는 내용이 그것이다.

> 이번 봉상시(奉常寺; 제사를 담당하는 관청)에서 만드는 원단(圓壇; 제단)의 제기 속에 보(簠) · 궤(簋) · 대준(大尊) · 상준(象尊) · 호준(壺尊) · 저준(著尊) · 희준(犧尊) · 산뢰(山罍) · 뇌세(罍洗) · 향로(香爐)는 자기(磁器)를 쓰고. (중략)

《조선왕조실록》 세종 5년(1423) 10월 27일

이때 《조선왕조실록》에 등장하는 자기(磁器)는 다름 아닌 분청사기를 의미했다. 사실 분청사기라는 이름은 고유섭이라는 미술사학자가 1930년대 '분장회청사기(粉粧灰靑沙器)'라 정의 내린 것을 줄여 부르기 시작한 것에서부터 유래하기 때문. 조선 시대 때 사용된 오래된 용어가 아니라는 의미다. 대신 조선 시대에는 자기, 사기 등으로 분청사기를 부르고 있었다.

　다음은 조선 전기 시(詩) 중 번역된 내용 일부를 가져와본다.

　　도량 벼, 좁쌀 담을 제기를 신속히 만드니
　　겉은 모가 지고 안은 둥글도다
　　…

　　큰 배의 술그릇은 코끼리 코가 굽었고
　　희우의 술그릇은 뿔이 세 둘레로다
　　…

　　동그란 귀에 두 고리가 연했는데
　　마치 천둥소리가 구름 사이에 요란한 것 같구려
　　…

　　모든 이 예제의 모양들은
　　진한 시대 이전의 것과 비슷한데
　　거칠고 흠집 있는 건 논할 것 없고
　　귀중한 것은 정결한 데 있다오
　　…

　조선 시대에 김종직(金宗直, 1431~1492년)이라는 분이 계셨다. 역사에 조금 관심 있는 분은 그가 서서히 세력을 키워가던 사림파의 이름난 인물이자 생전에 쓴 '조의제문'으로 연산군 때 사화가 벌어

위 | 분청사기 보, 15세기, 호림박물관. 아래 | 청동 보, 춘추시대 후기(기원전 6세기~기원전 476년), 중국상하이박물관.
제기 그릇 디자인은 고대 중국에서 사용하던 것을 본떠 조선 시대에도 사용하였다. ©Park Jongmoo

져 부관참시, 즉 죽은 시체를 꺼내 목이 잘리는 형벌을 받은 것도 기억날 것이다.

어쨌든 그는 문장으로 유명했는데, 돌아가신 다음해 그의 제자가 스승이 쓴 시를 모아 《점필재집(佔畢齋集)》이라는 책을 엮었다. 그중에 김종직이 사기장 이륵산(李勒山)이 만든 분청사기 제기를 보고 시를 남겼으니, 위의 시가 이를 번역한 것이다.

당시 이륵산은 네모진 또는 동그란 도자기, 코끼리처럼 생긴 도자기, 소가 새겨진 도자기(犧牛), 몸에 동그란 고리가 달린 도자기 등을 김종직에게 보여주었는데, 이들 형태는 다름 아닌 제사 때 쓰는 그릇의 모양이었다.

예를 들면 곡식을 담는 사각형 제기 보(簠)는 네모 모양이고, 궤(簋)는 둥근 모양이다. 술을 담는 제기인 희준(犧尊)은 소 모양이며 상준(象尊)은 코끼리의 모습이 담겨 있다. 대중에게 유명하기로는 작(爵)이라 하여 참새 부리를 닮은 술잔이 있으며, 그 외에도 다양한 형태로 종류가 참 많다. 의미 역시 하나하나 다 있었다. 네모난 보는 "땅은 네모나다"를 뜻하며 둥근 궤는 "하늘은 둥글다"를 의미한다. 소는 농사를 짓는 동물이자 고대 시절 제사 지낼 때 소를 죽였던 것이 이어진 것이다. 코끼리는 힘이 강하고 신성시되는 동물이다. 작(爵)은 가장 오래된

위 | 분청사기 궤, 15세기, 호림박물관. 아래 | 청동 궤, 기원
전 11세기~기원전 10세기 전반, 서주, 중국 상하이박물관.
©Park Jongmoo

청동기 술잔 디자인 중 하나이자 작위나 관등을 의미한다.

이런 도자기들은 동으로 제작된 제기 디자인을 바탕으로 흙을 빚어 만든 것이다. 김종직의 시 덕분에 운 좋게 이름까지 남게 된 사기장 이륵산은 이 제기를 하나하나 만들면서 어떤 기분이 들었을까? '내가 보아도 참 잘 만들었다' 였을지, 아님 '대충 이 정도로 만들자' 였을지 궁금하네.

다만 청동기 제기 형태는 크기와 디자인이 엄격히 규정되어 있었으나, 흙으로 빚어지면서 재료가 달라지니 그 규정이 정확히 지켜지지는 않았던 모양이다. 그래서 호림박물관에 전시된 도자기들도 금속만큼 엄밀히 규격에 딱 맞는 모양은 아니다. 이런 모습은 당시에도 그랬는지, 김종직은 거칠고 흠 있는 것과 귀중하게 잘 만든 것을 각기 구별하여 시(詩)를 통해 평을 하고 있네.

이처럼 당대 조선 시대 인물의 평과 분청사기 제작자 중 한 명의 이름까지 알게 되니 분청사기 제기에 대한 더 깊은 관심이 생겨났다. 분청사기의 남다른 매력을 느낀 이번 호림 박물관 전시에서 나는 조금은 충격적인 경험을 한 듯하다. 전시를 본 뒤에도 가끔 분청사기 제기가 생각날 정도로 말이지.

위 | 코끼리처럼 생긴 제사 그릇. 15세기. 분청사기 상준. 국
립중앙박물관. 아래 | 코끼리처럼 생긴 제사 그릇. 18세기.
조선 유기 상준. 국립중앙박물관.

양산시립박물관

2014년 4월 어느 날 양산시립박물관에서 부부총 전시가 있다 하여 방문했다. 때마침 고향인 부산에 일이 있어 갔다가 들렀는데, 낭패군. 부부총 전시는 얼마 전 끝났다고 하네.

부부총은 양산에 있는 신라 고분으로 귀족 부부가 함께 묻혀 있던 고분이다. 1920년 일제 강점기 시절 조사가 이루어져 유물 대부분이 일본으로 옮겨졌고, 지금은 도쿄국립박물관이 소장하고 있다. 당시만 해도 금동관이 A급 유물이었기에 그리 된 것인데, 1921년 경주에서 금관이 최초로 발견되면서 금동관은 B급 유물로 격하된다.

어찌되었건 도쿄국립박물관에서 진품을 임대해

양산시립박물관.

양산시립박물관 특
별전 "천신과 용신
께 고하다, 황산강
가야진".

와서 부부총 전시를 꾸몄다 하여 방문했으나 전시
가 끝났다니 어쩔 수 없지. 아쉬움을 안고 박물관을
쭉 돌아보니 꽤 근사하게 꾸며져 있다. 박물관은 엘
리베이터를 타고 올라가 위에서 아래로 내려오면서
구경하는 방식이며, 부부총은 무덤을 재현하여 무
덤 주인과 부인, 그리고 순장된 종들이 함께하고 있
는 형태도 볼 수 있다. 일본으로 간 무덤의 유물은
복제를 하여 전시해두었고, 전체적인 구성을 볼 때
아이들과 함께 교육용으로 방문해도 좋을 듯.

이렇게 쭉 내려오며 전시실을 보고 있는데, "천
신과 용신께 고하다, 황산강 가야진" 이라는 특별전
이 보이는군. 부부총 다음 특별 전시인가본데, 한

번 가보자.

설명을 읽어보니, 가야진용신제가 봉행되는 가야진사(경상남도 민속자료 제7호)의 유적 발굴 조사가 있었고, 이때 조선 전기에 사용한 제사 기구들이 발견되었나보다. 가야진사는 낙동강에 있는 나루터신(津神)을 모시고 있는 제당으로 신라 시대부터 그 역사가 이어져왔다. 덕분에 조선 시대에도 나루터신을 위한 제사가 매시기마다 있었는데, 이때 쓴 제기들이 이번 특별전에 전시된 것이다.

그런데 가까이 가보니 분청사기 제기가 아닌가?

가야진사에서는 분청사기 제기가 총 13점이 발견된다. 이 중에는 호림박물관에서 본 형태인 보(簠), 궤(簋), 희준(犧尊)도 있고 다른 형태의 그릇들

양산시립박물관의 분청사기 제기 전시. ©Hwang Yoon

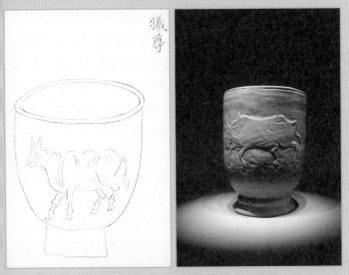

왼쪽 ｜ 세종실록 제기도설에 그림으로 등장하는 희준. 오른쪽 ｜ 가야진사 전시에 출품된 호림박물관 분청사기. 제기 희준. ⓒHwang Yoon

도 있네. 다만 호림박물관에서 만난 A급 제기에 비해 형태가 좀 더 거칠고 완성도가 떨어져 보인다. 혹시 지방에서 사용하던 물건이라 그런 것일지도.

여하튼 조선 전기에 사용된 제기가 일괄로 발견된 것이니 의미가 남다르다 하겠다. 그리고 가야진사의 제기 가까이에는 호림박물관에서 임대해온 분청사기 제기도 일부 전시되어 있네. 전시를 위해 빌려왔나보군. 덕분에 분청사기 제기끼리 비교를 할 수 있어 꽤 흥미롭다.

이렇게 도자기 한 점 한 점 뜯어보고 있는 중 묘한 점을 발견했다. 가야진사에서 발견된 분청사기 제기는 유독 일부 깨지거나 부서진 형태가 많이 보였다는 점. 왜 이런 걸까? 단순히 오래 묻혀 있다가 꺼내어져 그런 것 같지는 않고.

모두 부수어 묻게 하라

궁금증을 안고 집으로 돌아와 노트북을 켜고 《조선왕조실록》 사이트로 간다. 이곳에는 《조선왕조실록》을 그대로 저장해두어 조사하기 무척 편하거든. 우선 검색창에 '제기'라 쳐보았다. 여러 내용이 나오지만 내가 찾는 부분이 없군. 다음으로 '제사'를 치니 너무 많은 제사가 나온다. 역시나 조선은 제사의 나라인 것인가? 세종 시절에만 제사로 나온 기록이 무려 1620개나 되네. 아차차. 제사라 하여 내가 찾는 제사가 아니라 관직명인 절제사(節制使) 관련 기사가 대부분이군. 이에 한자로 제사(祭祀)를 치니 세종 시대 기록만 55개 나온다. 그러나 제사로 쭉 보았지만 찾고자 한 부분은 결국 나오지 않는다.

그럼 구리라고 쳐볼까? 보통 동으로 만든 제사 그
릇이 많았으니…. 아니다. 아예 구리하고 사기, 이렇
게 두 글자를 함께 쳐보자. 도자기를 당시에는 사기
(沙器)라고도 했으니까. 검색창에 '구리 사기'라고
한글로 치니 드디어 다음과 같은 기사를 찾았다. 휴.

제향소(祭享所)에서 쓰는 사기(沙器)가 부서지
기 쉽기 때문에, 문소전(文昭殿; 신의왕후 사당)·
연은전(延恩殿; 성종 아버지 사당)·영경전(永慶
殿; 장경왕후 사당) 등에는 모두 구리 그릇을 사용
하고, 그 앞에 배설(排設)하는 사기는 사옹원으로
하여금 들이게 하는 것이다. 신어(神御; 어진) 앞에
서 쓰는 그릇은 어기(御器)로 사용해도 안 되고 또
한 많은 사람에게 쓰게 해서도 안 되는데, 창고 안
에 흩어놓으면 하인들이 딴 데다 쓸 폐단이 없지 않
으니, 마땅히 한갓진 곳에 묻어버려야 한다. 그러나
만일 완전한 대로 묻으면 몰래 파낼 폐단이 있으니
모두 부수어서 묻게 하라.

《조선왕조실록》 중종 23년(1528) 8월 18일

그래. 이 부분이다. 배설(排設)은 의식 때 그릇을
쭉 차려놓는 것을 의미하고, 신어(神御)는 임금을
그린 그림, 어진을 의미한다. 예를 들어 전주 경기

가야진사 분청사기 중에는 깨진 형태 역시 많이 발견되었다. 양산시립박물관.

전에 보관 중인 태조 이성계 어진을 다른 말로 신어라고도 표현한 것이다. 마지막으로 어기(御器)는 다들 알겠지만 왕실 그릇이다.

즉 대충 요즘 글로 해석하여 다시 읽어보면 "어진 앞에서 의식을 위해 배치한 그릇은 왕실에서 사용하는 그릇으로 사용해서는 안 되는데, 하물며 다른 사람들이 쓰게 해서는 더욱 안 된다. 그런데 창고 안에 그냥 두면 사람들이 가져가 일상용 그릇으로 쓰게 되니, 부수어서 쓸 수 없게 한 후 묻어라."는 것이다.

이렇듯 도자기로 만든 제기는 쓰임새가 다하면 다른 사람들이 사용하지 못하도록 부수어서 묻어버린 것이다. 도자기가 부족하던 시대였기에 제기로 쓰고 버려진 도자기마저 실용기로 사용하려는 사람들이 많았기 때문. 이는 왕실이나 어진을 위한 사당뿐만 아니라 지방의 여러 사당도 비슷했다. 그 결과 양산시립박물관에서 소장 중인 가야진사 분청사기 제기들이 일부가 깨져 사용할 수 없게 만든 채 발견되었음을 알 수 있다.

이렇게 그 비밀을 알고나니 호림박물관에서 소장 중인 A급 분청사기 제기가 참 귀하게 살아남은 그릇으로 느껴졌다. 혹시 호림 소장품은 부수는 과정에서 운 좋게 살아남은 물건일까? 아님 창고에서 조용히 잊힌 채 보관된 물건일까? 갑자기 나도 도자기 제기를 하나쯤 구해보고 싶어진다. 한때 작(爵) 형태의 분청사기 제기 그릇을 8000만 원 정도에 구입이 가능하다고 제안받은 적이 있었는데, 내가 사실 돈이 없는 데다 그 일마저 꽤 오래 전 일이라.

어쨌든 이처럼 도자기로 만든 제기는 조선 시대에 꽤 인기리에 만들어진 도자기였다. 다만 분청사기 제기는 15세기를 중심으로 그리 길지 않은 기간 동안 만들어졌다. 15세기 중후반 백자를 생산하는 조선식 관요(官窯, 1468년경)가 자리 잡으면서 왕실은 가능한 백자를 사용하게 된다. 이미 중국에서 수입 중인 백자 외에도 조선에서 생산된 백자를 적극적으로 왕실용 어기로 사용한 것이다. 당연히 왕실에서 쓰는 제사 그릇 역시 백자가 되었고, 지방도 형편과 위계에 따라 시일이 지나며 서서히 분청사기 제기에서 백자 제기로 바뀌었다.

결국 매력적인 모습을 지닌 분청사기 제기는 사용 후 일부러 부수거나 백자로 점차 바뀌면서 역사 속으로 사라졌으니, 지금은 얼마 안 되는 숫자만 겨우 살아남아 당대 문화를 알려주고 있네. 무엇보다 개인적으로는 분청사기 제기 덕분에 분청사기라는 그릇 전반에 관심을 가지게 되었으니, 그 계기를 만들어줌에 고마울 뿐이다.

2

분청사기 속 그림

삼성 미술관 리움

2015년 여름 어느 날, 나는 리움을 방문했다. "세밀가귀(細密可貴)"라는 특별전인데, 이번이 벌써 세 번째 방문이다. 무엇보다 한국 유물임에도 쉽게 만나기 힘든 해외 소장품 출품작 때문에 몇 번 더 오게 된 듯싶군. 미국, 일본 등에서 빌려온 한국 유물이 그것. 비행기를 타고 해외로 가지 않아도 볼 수 있는 좋은 기회니까. 전시는 매우 삼성스러운 방식으로, 한반도에서 만들어진 국내외 소장 A급 최상품 유물을 한데 모아 단순히 펼쳐 보여주고 있다. 삼성이 선보이는 고미술 전시는 주로 이런 식이거든.

리움미술관 "세밀가귀 특별전".

물론 스토리텔링은 무척 단순한 방식이지만 모

리움미술관. 삼성 오너 일가가 만든 박물관이다. ©Park Jongmoo

인 유물 수준은 당대 기술자가 최고의 공력을 넣은 최상품 유물들이기에 하나하나 보기만 해도 기가 쭉쭉 빠져나간다. 관람객도 국내 사립 박물관치고 많은 편이군. 여러 언론사에서 큰 지면을 통해 엄청 나게 홍보했으니 말이지.

이렇게 전시관을 반복하여 여러 번 돌고 돌며 유물을 보고 또 보고 있으려니, 리움이 처음 오픈했을 때가 생각나는걸. 2004년 10월, 리움이 오픈했었지. 특히 남산 아래 부자 동네로 유명한 한남동에 위치한 박물관이라 큰 주목을 받았다.

그때만 해도 지금처럼 자유로운 방문이 아니라 매시간 일정한 방문객 숫자를 정해놓아, 예약을 해야만 볼 수 있었다. 그렇게 시간을 예약한 뒤 리움을 방문하면 직원의 도움으로 나름 격식 있는 과정을 통해 엘리베이터를 타고 전시관으로 들어갔다. 이렇듯 엄숙하고 조용하면서 깔끔하게 디자인된 전시관 형태가 인상적이었으니, 이때만 해도 한국에 이 정도 수준의 박물관이 전혀 없었기 때문이다. 국립중앙박물관마저 당시에는 용산 이전 전이라 경복궁 옆에 작게 자리 잡고 있었으니까. 한국을 대표하는 국립중앙박물관이 그런 상태였으니 타 박물관이야 언급해서 뭘 하겠는가.

하지만 첫 방문 때 그렇게 감동을 준 리움이지만, 한참 시간이 지난 2014년 시점에서 곱씹어보면 고미술 전시에 있어 2004년 오픈 때와 비교하여 눈에 띄는 발전이 보이지 않는다. 오죽하면 강산이 변하는 시간이 흘렀음에도 상설 전시된 도자기는 처음 오픈 때 자리 잡은 자리를 그대로 지키고 있더군. 이처럼 변화가 없으니 마음에 드는 특별전이 있을 때만 가끔 방문하는 장소가 되고 만다.

사실 리움이 처음 등장할 때만 해도 일본의 A급 사립 박물관 전시 방식을 모델로 만들었다고 자랑했었는데, 솔직히 내가 방문해본 여러 일본 사립 박물관은 이처럼 운영하지 않는 듯하다. 예를 들면 고미술 중심인 도쿄의 이데미츠미술관(出光美術館)

만 하더라도 매번 새로운 전시 내용으로 다양한 소장품을 적극적으로 보여주고 있거든. 만일 도쿄역 주변을 여행 간다면 강력하게 추천하는 박물관이니 반드시 방문하면 좋겠다.

뿐만 아니라 삼성 재벌가에 문제가 생길 때마다 상당한 기간 동안 아예 박물관 문을 닫는 기묘한 운영 방식은 세계 사립 박물관 중에서도 그 유례를 찾기 힘들 정도다. 이렇듯 오너 것이라는 성격이 강한 만큼 공공성이라는 박물관 덕목은 부족하다고나 할까.

개인적으로 이처럼 불만이 있음에도 그동안 리움을 1년에 2~3번 정도, 최소 20번 이상 온 것 같기는 하다. 그 이유는 여러 한국 사립 박물관 소장품 수준이 여전히 리움과 꽤 큰 격차를 보이고 있기 때문. 앞으로 더 많은 국내 사립 박물관의 분발을 기대할 수밖에. 결국 이집트, 그리스, 중국 등 해외 고미술을 적극적으로 보여주는 장소가 국내에 등장해야 리움 고미술을 능가하는 경쟁력을 보일 수 있을 것이다. 한국 고미술만으로는 오랜 기간 주요 한국 고미술 작품을 수집한 리움을 결코 이기기 쉽지 않을 테니까.

어쨌든 "세밀가귀" 특별전에서 갑자기 리움 오픈 시점이 생각난 이유는 이번 전시에 '청자상감어

룡문매병(靑磁象嵌魚龍文梅瓶)'이 출품되었기 때문이다. 이 도자기는 2004년 리움 오픈 전시 때도 내가 유독 기억에 남겼던 작품이었다. 고려청자, 조선백자 등의 여러 보물 사이에서 이 도자기가 특별히 눈에 띈 것은 보기 드문 회화의 생동감이 준 매력이 남달랐거든.

보물 1386호인 이 도자기는 15세기 초반에 제작된 청자로 분류하고 있으나, 전체적인 표현 기법 및 형식은 고려청자보다 조선의 분청사기에 가까운 물건이다. 덕분에 전성기 고려청자의 귀족적인 품격을 여전히 유지하고 있으면서도 분청사기의 모습을 보이는 과도기적 작품이라 하겠다. 오랜 만에 집중하여 보니 어깨부터 몸으로 내려오는 매력적인 곡선은 고려청자 때와 비율이 조금 다르기는 하나 여전히 탄탄한 긴장감이 느껴지는군. 회화 형식도 고려청자처럼 크게 3단으로 나누어 하나하나 정성을 다해 집어넣었다. 무엇보다 재미있는 점은 중앙에 위치한 주인공인 용머리를 한 물고기다. 그래서 어룡(魚龍)이라 이름이 붙여진 것.

물고기 몸은 수영을 치듯 S자 형태의 굴곡을 보이고 있어 생동감이 느껴지며, 비늘 하나하나 세밀하게 조각하여 크게 보아도 세밀히 보아도 그림 볼맛이 있다. 무엇보다 이 그림의 백미는 용머리다.

청자상감어룡문매병. 리움미술관 . 고려 시대부터 발전된 상감기
법이 잘 표현된 도자기다. 고려청자에서 분청사기로 변화되는
시점의 모습을 잘 보여준다.

단순히 보면 웃고 있는 표정이나 그럼에도 세밀히 보면 혀를 쭉 내밀며 턱에는 수염이 풍성하게 나 있으니, 남다른 권위가 느껴지기도 한다. 역시 웃고 있어도 용은 용이다. 함부로 대하기 힘든 힘이 있군.

　이처럼 귀티 나는 몸체와 남다른 권위를 해학적으로 표현한 그림을 볼 때 이 기물을 사용한 이가 평범한 이가 아니었음을 절로 알 수 있다. 혹시 왕이 살던 궁궐 또는 대군, 공주 같은 상당한 위치에 속한 왕족이 사용했던 물건이 아니었을까?

　그런데 용 얼굴을 한 물고기 외에도 조선 초기 도자기에는 어떤 그림이 그려졌을까? 이를 알아보기 위해 다음 전시실을 가보자.

분청사기의 흐름

이제 리움 고미술 상설 전시를 보러 간다. 이곳은 엘리베이터를 타고 가장 위로 올라간 뒤 한 층 한 층 걸어 내려오며 보는 형식인데, 가장 위 4층 고려청자부터 시작, 3층 분청사기와 백자, 이어서 2층 조선 회화, 마지막 1층은 불교 및 삼국 시대 유물 등을 차례차례 보여준다.

화려한 고려청자를 보고 달팽이처럼 빙빙 도는 계단을 따라 한 층 내려가자 3층 분청사기와 백자 전시실이 나온다. 오늘은 묘하게 마음에 들어오는 분청사기를 집중적으로 볼까 한다.

아참, 참고로 분청사기 역시 길게 보면 200여 년 정도 지속하여 만들어진 도자기이기에 당연히 탄생기→ 전성기→ 쇠퇴기 등의 수명을 보여주고 있다. 전성기 때는 왕실과 관청에서 사용되었으나 질 높은 조선 백자가 만들어지자 점차 민간이나 지방에서 쓰는 도자기로 격이 하락하더니, 최종적으로 백자에 흡수되어 사라지게 된다. 그래도 관요에서 질 높은 백자가 본격적으로 생산되던 1468년을 기준으로 그 이전 시대는 조선에서 생산하는 가장 완성도 높은 도자기가 다름 아닌 분청사기였다. 15세기 전반부터 백자가 만들어지기는 했으나 처음에는 그 질이 그다지 높지 못했기 때문.

즉 15세기 초중반 약 50년간 생산된 분청사기가 분청사기 중에서 A급 대표 선수들이라 할 수 있겠다. 물론 미(美)를 보는 기준은 사람마다 다 다르기 때문에 그릇의 완성도, 그리고 표현 기법의 성숙도 등을 종합적으로 볼 때 질적으로 A급 분청사기가 생산된 시대라 이해하자.

특히 이 당시는 왕실이나 관청에서 사용하는 도자기를 관요라는 제도로 생산하지 않았기에 여러 지방요에서 공납 형식으로 특별히 질이 좋은 도자기를 선별하여 보냈다. 그 결과 도자기의 디자인을 일정하게 통일하도록 하였으나 비슷한 형식임에도 개성이 강하다고 해야 할까? 이는 중앙에서 원하는 격을 어느 정도 규정으로 정했지만 여러 지방요에서 만들다보니 크기나 표현이 조금씩 다르게 나온 것이다.

　전체적인 흐름 이야기는 이 정도로 끝내고 그렇다면 내가 본 분청사기 중 가장 뛰어난 질과 격조를 보인 것은 어떤 것일까?

　그것은… 음…, 한국이 아닌 일본 오사카시립동양도자미술관에 있다.

　오사카시립동양도자미술관이 소장하고 있는 '분청사기 인화국화무늬 월산대군 태항아리'가 그것으로, 보는 순간 심장이 멈추는 것 같은 아름다움 기품을 지니고 있더라. 당당하고 귀티 나는 몸체와 작은 국화무늬 도장을 정교하게 눌러 찍어(인화기법) 빈틈없이 국화꽃을 피우고 있는 도자기 중앙 표현, 뿐만 아니라 높이 36cm 이상의 듬직한 크기까지. 뭐 하나 빠질 것이 없는 작품이거든.

　이 도자기는 전라도 광주시 무등산 충효동 요지에서 제작된 것으로 추정되며, 용도는 조선 성종의 형인 월산대군(月山大君, 1454~1488년)의 태항아리다. 본래 서울시 서초구 우면동 태봉산 정상에 위치했었지. 그곳에 월산대군 태를 묻었으니까. 태를 묻은 시기는 태항아리 안에 들어가 있던 태지(胎誌)에 따르면 1462년 11월 18일 유시(酉時, 오후 6시쯤)에 묻었다고 하는군. 세상에! 태를 묻는 시간까지 기록하여 넣어두다니…. 아무래도 태의 주인을 위해 좋은 시간을 미리 물어 정한 뒤 묻은 것이겠지?

한편 월산대군은 세조의 맏손자였던 만큼 핏줄의 격으로 칠 때 당대 최고 수준의 인물이었다. 하지만 안타깝게도 시간이 지나 왕위는 동생인 성종(成宗, 1457~1495년)이 이어받게 된다. 성종의 장인이 당대 권신인 한명회라 벌어진 사건이었다. 덕분에 월산대군은 권력에 초탈한 듯 시인처럼 살다 죽은 비운의 인물이 되고 말았다.

그러나 일제 강점기인 1937년, 월산대군 태실이 도굴되었고, 이것을 일본인 사업가 아타카 에이치(安宅英一)가 구입한다. 그러다 나중에 그의 사업이 파산하면서 태항아리는 스미토모은행에 넘겨졌으며, 이후 스미토모그룹에 의해 오사카시에 기증되어, 1982년부터 오사카시립동양도자미술관이 소장하게 된 것이다. 한편 이 과정 중에 태항아리의 뚜껑도, 큰 항아리 안에 위치했을 작은 항아리도, 마지막으로 태지까지 몽땅 사라졌다.

여하튼 다시 돌아와 '월산대군 태항아리'는 1462년에 묻었기 때문에 1462년 또는 바로 그 직전의 도자기로 추정된다. 이 시점에는 이처럼 질적으로 가히 최고 수준의 분청사기가 만들어졌던 것. 흥미로운 점은 관요(官窯)가 자리 잡은 1468년 이후

월산대군 태항아리. 오사카시립동양도자미술관. 태항아리는 왕실의 고귀한 인물을 위해 만들어진 만큼 당시 제작된 최고 수준의 도자기라 볼 수 있겠다. 특히 태항아리의 주인이 누구인지에 따라 제작된 시대도 파악이 가능하며 편년 자료로도 의미가 높다.

만들어지던 백자 항아리의 몸체 곡선이 월산대군 태항아리의 몸체 곡선과 거의 유사하다는 것이다. 아무래도 왕실에 공납하는 도자기를 만들던 최고 수준의 지방요 장인들이 관요가 만들어지자 경기도 광주로 모여 비슷한 디자인의 도자기를 백자로 생산한 것이 아닐까?

이처럼 뛰어난 장인들이 2~3교대로 관요가 위치한 경기도 광주로 모여 일하게 되면서 지방요에서 생산되는 분청사기의 질은 갈수록 떨어지기 시작했다. 결국 '분청사기 인화국화무늬 월산대군 태항아리'는 분청사기의 기술력이 최고를 뽐낼 때 제작된 작품이라 할 수 있겠지.

추신. 고려대박물관에 가면 국보 제177호 '분청사기 인화국화문 태항아리'가 있다. '월산대군 태항아리'와 거의 비슷한 시기에 만들어진 도자기인지라 표면 장식 디자인도 유사한데, 이 도자기는 다행히 큰 항아리, 작은 항아리, 뚜껑 모두를 갖추고 있다. 다만 '월산대군 태항아리'보다 기형과 도자기 선이 좀 뚱뚱해서 귀티가 좀 못하다. 그냥 내 개인적인 취향에 의한 판단이다. 해당 도자기가 궁금하면 고려대 박물관에 방문해보자.

분청사기 인화국화문 태항아리. 고려대학교 박물관

또한 국립중앙박물관에도 '월산대군 태항아리'

분청사기 인화무늬
항아리. 국립중앙박
물관.

와 유사한 형식을 지닌 '분청사기 인화무늬 항아리'가 있지. 이를 미루어볼 때 해당 디자인의 분청사기가 꽤 많이 생산되었음을 알 수 있다.

분청사기의 표현

리움의 분청사기를 쭉 감상해본다. 분청사기는 표현법이 참으로 다양한데, 그 모습을 여기서도 확인할 수 있네. 하나하나 살펴볼까?

1. 상감기법(象嵌技法)

고려청자부터 이어온 도자기 회화 방식이다. 여러 가지 무늬를 깊게 판 후 그 안에 몸체와 다른 색의 흙을 넣어 구별하는 방식으로 그림을 그렸다. 도공의 노력 여하에 따라 매우 세밀한 그림 표현이 가능했던 만큼 15세기 초중반 고급 분청사기에서도 많이 쓰인다. 그러나 워낙 손이 많이 가는 표현법인데다 갈수록 백자처럼 하얀 표면의 도자기를 선호

상감기법.
©Park Jongmoo

하는 분위기가 만들어지면서 짙은 청색 표면이 부각되는 분청사기 상감기법은 인기를 얻기 힘들게 된다. 결국 백자 상감기법으로 명맥이 이어지다가 15세기 후반으로 가면서 자연스럽게 사라졌다.

2. 음각기법(陰刻技法)

음각기법.
©Park Jongmoo

고려청자에서 쉽게 볼 수 있는 기법 중 하나로 분청사기에도 이어졌다. 표면에 백토를 바른 후 가늘게 선을 그어 회화 장식을 만든다. 작품에 따라 선이 주는 감각적 느낌이 다르며, 도공들이 의도한 것인지 모르겠으나 지금 눈으로 보면 나름 추상적 표현에서 큰 장점을 보였다.

3. 인화기법(印花技法)

인화기법.
©Park Jongmoo

일정한 무늬를 가진 도장을 도자기 표면에 찍어 표현하는 방식이다. 겉으로 보기에 깔끔하고 공력이 많이 들어간 느낌을 주기에 15세기 왕실이나 관청에서 쓰는 최고 수준의 분청자기에서 많이 보인다. 덕분에 귀티가 나는 도자기가 많으며 인화기법이 쓰인 분청사기의 경우 기본적으로 질이 높은 것으로 보아도 무방할 정도. 앞서 설명한 분청사기 인화국화무늬 '월산대군 태항아리' 가 대표적인 작품이다.

4. 박지기법(剝地技法)

상감기법에서 발전된 회화 장식이다. 도자기에 백토를 바른 후 문양을 그린 뒤 배경 부분의 백토를 긁어 제거한다. 이렇게 구우면 문양은 하얗고 배경은 어둡게 표현이 되거든. 상감기법이 세밀한 그림을 표현할 때 쓴다면, 박지기법은 주로 넓고 시원한 그림을 표현할 때 많이 썼다. 그럼에도 불구하도 당연히 박지기법으로 세밀하게 조각된 작품이 일부이긴 하다. 주로 15세기에 제작된 모란꽃이나 연꽃이 장식된 도자기 및 물고기 장식의 도자기가 박지기업의 대표적 디자인이다.

박지기법.
©Park Jongmoo

5. 철화기법(鐵畵技法)

도자기에 백토를 바른 후 철화로 그림을 그리는 방식. 15세기 후반부터 16세기 초반까지 충청도 부여 계룡산 일대에서 주로 제작되었다. 해당 시점 동시대 관요에서는 조선 청화 백자가 만들어질 때였는데, 민요에서는 철화 분청사기가 만들어지고 있었던 것. 붓으로 그린 회화 도자기에 대한 시장 반응이 남달라지면서 가격이 비싼 청화 백자를 대신할 물건으로 생산된 듯하다. 다만 동시대 청화 백자 그림이 규격에 맞는 장식미가 강했다면, 계룡산의 철화 분청사기는 자연스럽고 추상적인 그림이 그려

철화기법.
©Park Jongmoo

진 것이 차이점.

6. 귀얄기법

귀얄기법.
©Park Jongmoo

돼지털이나 말총을 넓적하게 묶어 만든 거친 붓을 귀얄이라 부른다. 이 붓으로 백토를 도자기에 바르면 붓 자국이 남게 된다. 이를 귀얄 자국이라 한다. 앞서 본 여러 회화 기법도 귀얄로 치밀하게 백토를 바른 후 그림을 입힌 것이라 사실 귀얄 그 자체는 분청사기와 오래 함께한 작업이다. 그러나 16세기 넘어가며 귀얄로 백토를 대충 입힌 도자기가 대량 생산되면서 하나의 디자인 양식처럼 등장하게 된다. 붓 자국이 듬성듬성 보이는 귀얄 디자인이 그것으로 백자처럼 하얀 피부를 지닌 도자기에 대한 수요가 민간에도 높아지면서 생산 가격이 저렴한 방식의 귀얄기법이 큰 유행을 탄 듯 보인다.

7. 덤벙기법

덤벙기법.
©Park Jongmoo

어느 순간부터 붓으로 백토를 하나하나 바르는 것마저 귀찮아졌는지 백토 물에 그릇을 그냥 덤벙하고 담근 뒤 꺼낸 방식으로 도자기가 만들어지기 시작했다. 덕분에 사기장의 손가락 자국이 보이기도 한다. 굽이나 도자기 표면 일부를 손가락으로 잡고 백토 물에 넣었기 때문. 다만 백토가 흐르거나 골고루 깔끔하게 발라지지 않는 경우가 잦았기 때문에 완성품을 보면 어떤 곳은 백토가 두껍고 어떤 부분은 얇게 덮이기도 했다. 이렇듯 제작 과정이 단순해지면서 마치 무상무념(無想無念)으로 만들어진 도자기가 많이 보인다.

이렇듯 분청사기 기법은 매우 다양하다. 물론 눈치 빠른 분은 이미 간파하셨겠지만, 고려청자의 기법에서 시작하여 갈수록 백자와 비슷하게 보이려는 기법으로 발전했음을 알 수 있다. 결국 분청사기를 백자처럼 보이기 위해 표면에 하얀 백토를 바르던 것이 중요한 제작 기법이 된 것이다. 이는 시장에서 백자 선호가 갈수록 강해지면서 생겨난 현상이라 하겠다.

한편 리움의 분청사기는 삼성 스타일대로 잘 정돈된 A급 물건으로 대부분 전시되어 있다. 이에 상감기법과 인화기법, 박지기법 분청사기가 전시품의 상당수를 차지한다. 그렇다면 15세기 중반 생산된 최고 수준의 분청사기라 할 수 있겠네.

하지만 내 눈에는 오늘따라 15세기 후반부터 계룡산에서 만들어진 철화 분청자기가 주목되는군. 가까이 가보자. 물고기가 그려진 '분청사기철화어문병(粉靑沙器鐵畵魚文瓶)'을 감상해보자. 거참 어

분청사기철화어문병. 국립중앙박물관. 분청사기철화어문병은
리움미술관뿐 아니라 국립중앙박물관, 호림박물관 등에도 전
시되고 있다. ⓒPark Jongmoo

떻게 이런 날렵한 그림을 그릴 생각을 했을까?

철화로 그려진 물고기는 누가 보아도 물고기라 여길 만한 형태를 최소한의 빠른 필치로 그리고 있다. 주인공은 다름 아닌 민물고기인 쏘가리로 당시 계룡산 계곡이나 물에서 쉽게 볼 수 있는 물고기였다. 당연히 잡아서 요리로도 많이 먹었는데, 조선시대 전국적으로 쏘가리는 유명한 식재료였다는군.

물고기와 분청사기

도화수 벌창하고 쏘가리가 살졌을 테니
(桃花水漲鱖魚肥)
거룻배 노 저어서 우리 함께 가자꾸나
(有約蘭舟一棹歸)
밝은 달이 십오야 보름 밤을 딱 당했으니
(明月正當三五夜)
아주 참 흥겨운 정취가 거듭 진진할 걸세
(十分情興重依依)

'살진 쏘가리'가 등장하는 서거정(徐居正, 1420
~1488년)의 시다. 서거정은 과거시험 문과에 합격
한 수재에다 훈구파를 대표하는 정치인 겸 학자이

며, 특히 세조 시대에 크게 활동하였다. 아참, 훈구파는 세조가 쿠데타를 일으킨 후 그를 따른 관료 집단을 뜻한다. 대중들에게 세조에 대한 이미지가 부정적인 만큼 훈구파 역시 부정적 이미지가 강하나, 어쨌든 이들은 한때 조선 전성기를 이끌고 가던 세력이었다.

특히 훈구파는 전제 왕권을 중심으로 나름 자주적 사고방식을 취했으니, 이 중 서거정은 훈구파를 대표하여 이들의 사상을 뒷받침한 책과 글을 저술한 인물이었다. 이 과정에서 여러 글을 통해 중국과 비교할 만큼 한반도의 독자성과 자부심이 남다르다고 표현했으며, 명나라에 사신으로 파견되어 중국 학자들과 문장과 시를 교류하여 그의 이름이 알려지기도 했다. 이렇듯 훈구파는 한반도 역사에 대한 자부심이 은근 남달랐다는 사실. 이는 당시 조선이 남다른 자신감이 있었던 시대였기에 가능한 역사관이기도 했다.

그 과정에서 서거정은 국가가 만든 책의 서문을 도맡아 썼으며, 공동 찬집으로는 《경국대전(經國大典)》·《삼국사절요(三國史節要)》·《동국여지승람(東國興地勝覽)》·《동문선(東文選)》·《동국통감(東國通鑑)》·《오행총괄(五行摠括)》이 있고, 개인 저술로 《역대연표(歷代年表)》·《동인시화(東人詩

조선 산수화. 작자 미상. 16세기. 국립중앙박물관. 그림 속 시는 후대에
쓴 것이나 다음과 같다.

맑은 강가에 집을 짓고 갠 날마다 창을 열어두네. / 숲 그림자 빙 둘러
산마을을 감싸고 흐르는 강물 소리에 세상 일을 전혀 들을 수 없네. / 조
수 따라 나그네 타고 온 배 닻을 내리고 고깃배는 낚시 걷어 돌아오네. /
저 멀리 대 위의 나그네는 분명 산천 구경 나온 것이리라.

話)》·《태평한화골계전(太平閑話滑稽傳)》·《필원잡기(筆苑雜記)》·《사가집(四佳集)》 등이 있다. 가히 글에 있어 당시 시대를 대표하는 인물이었던 것. 시(時) 역시 대단히 잘 쓰는 것으로 유명했지.

하지만 누구보다 권력에 가깝고 수많은 책과 저술을 하느라 바쁜 그도 때때로 쉬고 싶을 때가 있었다. 그래서 물가에서 고깃배를 타고 낚시를 하는 내용을 시(詩)로 쓰며 마음의 평화를 꿈꾼 것이다. 이때 어부는 세속적 질서와 경쟁에서 벗어나 자유롭게 사는 인물을 대변한다. 이런 모습을 꿈꾼 이는 비단 서거정뿐만 아니었다. 조선 전기에는 낚시를 하거나 배를 타는 어부 그림이 무척 많이 그려졌는데, 이 역시 양반들의 이상향을 꿈꾸던 모습이 표현된 것으로 볼 수 있겠다.

유독 조선 전기 분청사기에 쏘가리를 포함하여 물고기가 많이 등장하는 이유도 사실 이 때문. 도자기에 물고기와 물풀, 꽃, 물결무늬 등이 그려지면서 마치 현대의 수족관 같은 분위기를 만들고자 했으니까. 이런 도자기를 보며 당대 조선 권력자들은 이상향에 가서 휴식을 얻는 느낌을 받았겠지. 이는 곧 감상 명목으로 분청사기가 사용되었음을 의미한다.

한편 계룡산 철화 분청사기는 앞서 보듯 15세기 말에서 16세기 초반까지 철화 물고기가 그려진 도

분청사기철화어문항아리. 보물 787호. 리움미술관. 분청사기에서 사용되는 대부분의 기법이 동원된 놀라운 도자기라 할 수 있다. 일본 구라사키 민예관도 이와 유사한 디자인의 항아리를 한 점 소장하고 있다.

자기로 유명세를 얻었으나, 그 이전에도 계룡산에서는 물고기를 그린 도자기를 만들었다. 리움에 전시된 보물 787호 '분청사기철화어문항아리(粉靑沙器鐵畵魚文立壺)'가 그것. 15세기 중반 도자기로 추정한다. 즉 분청사기에 있어 최고 전성기 때 작품이라 하겠다.

높이 27cm 당당한 몸체에는 연꽃과 함께 커다란 물고기 두 마리가 한 마리 한 마리 따로따로 그려져 있다. 특히 이 도자기는 상감기법, 인화기법, 철화기법, 귀얄기법 등 여러 기법을 각기 특색을 최대한 살리는 방식으로 동원하여 자연스럽게 회화를 그렸다. 그런 만큼 꽤나 공을 들여서 만들었음을 누구나 보는 순간 알 수 있지. 하나씩 뜯어보면,

분청사기에 백토를 골고루 바른 것은 귀얄기법, 물고기 머리, 지느러미 그리고 연꽃은 상감기법, 지느러미와 연꽃의 줄무늬 및 명암은 철화기법, 물고기 몸통은 인화기법으로 표현했다. 분청사기 조각기법 대부분이 투입된 만큼 이런 기법 하나하나 확인해보는 것도 이 도자기를 보는 특별한 맛이다. 무엇보다 조선 시대 만들어진 도자기 중 가장 크게 물고기가 장식된 작품이 아닐까 싶군. 개인적으로는 엄청난 공력이 들어간 도자기인 만큼 당연히 가까운 미래에 국보가 되어야 한다고 생각하고 있다. 그

정도로 내가 좋아하는 도자기이기도 하지.

자~ 오늘 리움 감상은 이 도자기에 집중한 채 마감해야겠다. 여러 도자기를 보며 감상을 했더니 피곤하네. 감상도 체력이 있어야 가능하다. 금강산도 식후경이라는 말이 괜히 나온 것은 아니었다. 리움을 나오면 김치찌개 잘하는 근처 식당으로 가서 밥을 먹어야겠다.

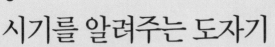

3
시기를 알려주는 도자기

이화여대박물관

2019년 가을 초입이자 여전히 더운 어느 날, 나는 이화여대박물관을 방문한다. 지하철 2호선에서 내려 경사를 따라 아래로 쭉 내려가니 이화여대 교문이 보이는군. 안으로 들어가자 오른편 저쪽으로 ECC라는 건물이 있네. 지하로 쭉 파들어간 건물 형태인데, 참 묘한 매력을 지녔다. 다만 안으로 들어가본 적은 없다. 밖에서 보는 건 좋아도 거기까지 들어가는 것은 귀찮아서….

정면으로는 언덕 위로 대강당이 위치하고 있네. 사진을 찍으면 누구라도 멋진 사진이 가능한 건물이다. 바로 얼마 전 내가 즐겨보는 런닝맨이 팬 미팅을 여기서 했다 하는군. 참고로 난 런닝맨 멤버

이화여대박물관. 국내 대학 박물관 중 개인적으로 최고로 꼽는다. 그런 만큼 꽤 자주 방문하는 편인데, 다음 생애에 여자로 태어나면 이화여대 사학과에 입학해야겠다는 생각을 할 정도로 애정이 깊은 장소다. ©Park Jongmoo

중 김종국의 팬이다. 안양에서 오래 살다보니 매번 방송에서 안양을 강조하는 그에게 정이 들어 그런 가보다. 뿐만 아니라 개인적으로 김종국은 나의 고 등학교 선배이기도 함. 한편 나는 런닝맨을 1회부터 단 한 편도 빠짐없이 다 보았다는 남다른 자부심이 있다. 유사한 설정을 지닌 무한도전은 그 정도 팬이 아니었는데 말이지.

자, 이 정도로 이화여대 방문의 소감을 마치고 오 늘 목표인 이화여대박물관으로 가자. 정문에서 바 로 왼편으로 꺾어 들어가면 이화여대박물관이 있거든. 이곳은 내게 아주 의미 있는 장소로, 나의 첫 책인 《중국청화자기》가 이곳 이화여대박물관 지하에서 완성되었지. 과거에 중국 도자기에 관심이 많아서 관련 책을 써볼까 했던 나는 자료를 찾다보니 이화여대에 도자기 자료가 가장 많다는 것을 알게 되었다. 그래서 아예 박물관 지하에 위치한 도서관에서 자료를 찾고 정리하여 첫 책을 써버렸다.

이화여대박물관 지하에 위치한 전문도서관 입구.
©Park Jongmoo

결국 독학이기는 하지만 나름 이화여대에서 공부했다는 건데. 음, 이러한 인연 덕분에 그 뒤로도 이화여대박물관을 시간이 날 때마다 틈틈이 방문하곤 했다. 무엇보다 박물관 전시 내용이 매우 훌륭하거든. 특히 학교 내 대학생들과 연결되는 프로그램으로 박물관이 운영되다보니, 큐레이터 및 도슨트 등을 대학생들에게 체험시키는 용도로 진행하는 경우가 많다. 20대가 열정이 가장 강할 시기라 그런지 유물 설명을 할 때도 질문을 받을 때도 박물관 내 이화여대 학생들은 정말 적극적이고 친절하다.

또한 박물관 전시 내용도 논문급 수준으로 깊게 공부할 수 있는 내용을 상당 부분 포함하고 있어 이 역시 강점이라 하겠다. 즉 타 박물관보다 어렵고 깊이 있는 내용이 전시 구석구석 포함되어 있다는 의미. 보고 어려워 모르는 부분이 있다면 박물관 곳곳 의자에 앉아 있는 학생이나 유물 설명을 해주는 도

이화여대박물관 지하에 위치한 전문도서관 내부. ©Park Jongmoo

슨트에게 물어보면 된다. 참 쉽죠?

　오늘은 마침 이화여대에서 분청사기 특별전이 있다고 하여 더운 날을 피하여 벼르고 벼르다 온 것이다. 이제 박물관 안으로 들어가볼까.

시기가 새겨진 도자기

박물관 1층에는 이화여대가 소장하고 있는 "청자 '순화4년(淳化四年)' 명 항아리"가 올해 국보 326호로 새롭게 지정되었다며 전시하고 있군. 굽바닥에 순화4년, 즉 992년이라는 명문이 새겨져 있어 매우 의미 있는 도자기다. 이렇게 만든 시기가 기록된 것은 편년 자료가 되기에 의미 있는 것으로, 편년(編年) 자료란 고고학에서 시간을 배열할 수 있는 중요한 기준이 된다는 뜻.

즉 순화4년 항아리를 통해 1차적으로 992년, 고려청자의 수준이 어느 정도였는지 파악이 가능하고, 2차적으로 이 도자기 앞과 뒤에 있는 도자기 역시 당시 기술 수준과 출토 지역 등을 순화4년과 비

이번에 국보 지정이 되었다 하여 특별 공간에 전시 중인 청자 '순화4년' 명 항아리. 이 도자기에 대한 자세한 이야기는 청자 책을 쓰게 되면 더 이어가기로 하자. ⓒHwang Yoon

청자 '순화4년' 명 항아리. 이화여대박물관.

교하여 시간 순서대로 배열이 가능해진다는 것이다. 그런 만큼 편년 자료, 특히 제작 시기가 완벽히 기록되어 있는 편년 자료의 경우 그 가치가 남다르다고 하겠다. 덕분에 학계에서는 같은 디자인의 도자기라 할지라도 제작 시기 등 여러 정보가 문자로 새겨진 것을 더 높은 가치로서 인정한다. 당연히 편년 자료의 경우 국보, 보물 같은 지정 문화재가 될 가능성이 더욱 높다는 의미.

이제 계단을 타고 2층으로 올라가면 드디어 분청사기 특별전을 볼 수 있다. 2층 특별 전시장을 들어가자, 역시나 훌륭한 전시가 기다리고 있군.

이곳 분청사기 전시의 경우 완전한 형태를 갖춘 것뿐만 아니라 타 박물관과 달리 가마터에서 수습한 도편까지 전시하고 있네. 도편은 도편 그대로 보여주기도 하지만 깨지고 조각난 것을 이어 붙여 본래 도자기가 어떤 모습인지도 알려주고 있다. 바로 이런 모습이 이화여대박물관 전시의 맛이지. 암. 완전한 물건뿐만 아니라 깨져 버려진 도편 하나하나에도 의미를 부여하는 전시 방식.

이렇게 전시를 보다보니, 오호라 글이 새겨진 분청사기를 여럿 만나는군.

이 중 "분청사기상감 '선덕10년' 명 지석(粉青沙器象嵌 '宣德十年' 銘誌石)"이 있구나. 선덕 10년이

위 | 분청사기상감 '선덕10년' 명 지석 앞면. 아래 | 분청사기상감 '선덕 10년' 명 지석 뒷면. 이화여대박물관. ⓒPark Jongmoo

면 1435년이며 세종 17년이라 하겠다. 해당 분청사기는 차집(車輯)이란 인물의 지석으로, 지석이란 죽은 사람의 인적 사항이나 무덤의 소재를 기록하여 묻은 도판이나 판석을 의미한다. 이렇듯 분청사기로 차집의 지석을 만들었던 것. 유물 설명 패널을 읽어보니 해당 지석에 대해 청자와 분청사기의 과도기적 모습을 보인다고 하는군.

다음으로 '분청사기선각지석(粉靑沙器線刻誌石)'은 보기 드물게 사각 모양의 전체 육면체로 만들어진 지석이다. 네 면 모두 글이 새겨져 있다. 해당 글에 따르면 1481년 제작되었다고 되어 있네. 무엇보다 한자가 큼직하고 깔끔하게 조각되어 있어 눈이 나쁜 나도 읽기 편하다. "가선대부호조참판…. 개국좌명공신영의정부…." 쭉 읽어본다. 이는 이영우라는 인물이 죽어 묻었다는 내용이다. 해당 지석은 숙명여대박물관 소장품인데, 이번 전시를 위해 빌려왔나보다.

조선 시대에는 이처럼 무덤에 지석을 묻는 풍습이 있었으니, 국내 박물관 및 일본 박물관 등에는 한반도에서 출토된 분청사기 지석이 여럿 존재한다. 그중 현재 한국에서 가장 오래된 도자기 지석이 방금 이야기한 "분청사기상감 '선덕10년' 명 지석"이라는 사실. 그만큼 매우 의미 있는 유물이자 이화여

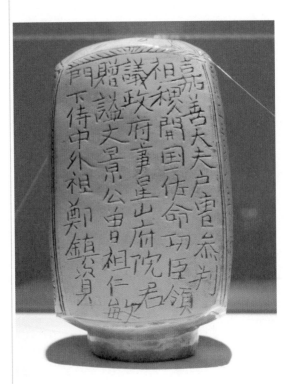

분청사기선각지석. 숙명여대박물관.

대 소장품이라 하겠다.

　이처럼 정확한 시기가 명시된 도자기는 앞서 본 "청자 '순화4년' 명 항아리"처럼 편년 자료로서 의미가 상당하다. 그러나 비단 만들어진 시기가 정확히 기록된 것만이 편년 자료가 되는 것은 아니다.

관청명이 새겨진 도자기

조선이 건국되기 직전인 1389년, 고려 왕에게 조준(趙浚, 1346~1405년)이 올린 상소 중 이런 내용이 등장한다.

"사옹에서 해마다 각 도에 사람을 보내 도자기 제조를 감독하는데, 일년에 한 번씩 하게 되나 온갖 방법으로 침해하여 한 도(道)에서 짐을 싣고 오는 것이 소 8, 90바리나 되지만, 개경으로 와 바치는 것은 그 백분의 일 정도입니다. 그 나머지는 사사로이 차지하고 있으니 그 폐해가 이보다 심할 수 없습니다."

《고려사》 열전 조준

도자기를 생산하여 소 8, 90바리, 여기서 바리는 소나 말의 등에 잔뜩 실은 짐을 세는 단위로 즉 8, 90마리의 소가 도자기를 가득 메고 개경으로 왔는데, 그중 국고로 들어오는 것은 100분의 1이라는 의미다. 과장이 상당히 들어간 듯 보이지만 어쨌든 상소에 따르면 소 90마리 중 한 마리가 싣고 온 도자기 정도만 겨우겨우 국고로 들어왔으니 나머지는 어디로 갔을까? 아무래도 도자기를 사용하고 싶어하는 수많은 사람들의 손으로 옮겨 갔을 테다.

이는 도자기를 실용 그릇으로 사용하고 싶은 사람은 많은데, 질 좋은 도자기의 생산량은 한계가 있으니 생겨나는 현상이었다. 해당 기록을 통해 고려 말 문란한 사회 기강이 어느 정도였는지 절로 이해된다. 개인이 국가의 것을 당연한듯 차지하는 분위기가 만든 결과니까. 이런 국가가 과연 제대로 운영될 수 있었을까? 그 결과 고려 말부터 이미 도자기에 관청의 이름을 새기도록 하고 있었다. 관청 이름이 새겨 있다면 다른 사람이 가져갔을 때 보다 손쉽게 국가 물건을 가져간 것에 대한 죄를 물을 수 있기 때문.

그럼에도 불구하고 여전히 도자기가 중간에 사라지는 일은 계속 이어졌고, 덕분에 시간이 흘러 조선 태종 시대가 되니, 이런 기록이 나온다.

"장홍고(長興庫)의 문서에 따르면 지방에서 바치는 공물의 사기(砂器)·목기(木器)는 사옹방(司饔房; 궁중 내 음식을 관장하는 관청)에 납부하여 운영하고, 장홍고는 바친 물건을 관장하여, 여러 행사 때면 사옹방·사선서(司膳署)·사련소(司臠所)에 나눠주는 까닭에 끝까지 살필 수 없는 데다 혹은 숨기고 혹은 깨어져 돌려받은 숫자는 겨우 5분의 1에 이르러, 이를 물건을 맡은 하전(下典; 하급 관리)에게 징수함은 실로 여러 해 쌓인 큰 폐단이라 합니다.

원컨대, 이제부터는 장홍고에 납부하는 사기·목기의 공물 숫자 안에 사옹방· 사선서· 예빈시(禮賓寺)· 전사시(典祀寺)· 내자시(內資寺)· 내섬시(內贍寺)· 공안부(恭安府)· 경승부(敬承府) 등 각사(各司)의 것도 따로 정하여 상납하게 하고, 각기 그 사(司)에서 물품을 빌려주거나 받아오는 것을 살피도록 함으로써 적폐를 혁파하게 하소서."

하고, 호조에서 또 아뢰기를,

"장홍고의 공안부 사목기(貢案付砂木器)에 금후로는 '장홍고(長興庫)'라 3자(三字)를 새기고, 기타 각사(各司)에 납부하는 것도 또한 장홍고의 예에 의하여 각기 그 사호(司號)를 새겨서 제품을 만들어 상납하게 하고, 윗 항의 표가 있는 그릇을 개인이 사사로이 간직하다가 드러난 자는 관물(官物)을 훔친 죄를 받게 함으로써 큰 폐단을 끊게 하소서."

하니, 모두 그대로 따랐다.

《조선왕조실록》 태종 17년(1417) 4월 20일

조금 긴 데다 여러 부서 이름이 나와 내용이 어려워 보이나 간단히 해석하면,

당시 행사를 주관하는 관청들은 도자기를 포함한 국가의 여러 물건을 장흥고(長興庫; 궁중에서 사용하는 물품을 조달, 관리하는 관청)에서 빌려 사용한 다음 반납하곤 했다. 문제는 이 과정에서 반납되지 않고 분실되는 사례가 무척 많아 제대로 돌아오는 경우가 겨우 5분의 1 수준이라는 점. 이러한 상황은 행사에 참여한 고위 관리, 외국 사신 등이 사사로이 그릇을 가져갔기 때문이다.

이에 물건이 사라지면 가져간 이를 대신하여 물건을 관리하던 하급 관리에게 책임지도록 했으니, 매번 막심한 피해가 이어졌다. 당연히 이는 일을 벌인 자와 책임지는 자가 다르니 생긴 일이다. 이를 막기 위해 장흥고가 모든 물건을 관리하지 말고 여러 부서에서 쓰는 관청의 물건 역시 따로 만들어주되, 이때 해당 관청의 이름을 도자기에 새기라는 기록이다. 그리고 관청의 이름이 새겨진 물건을 사사로이 가져가서 사용하다 걸리는 자는 관물을 훔친

장흥고(長興庫)라 새겨진 그릇. 국립중앙박물관. ©Park Jongmoo

죄로 벌을 주도록 한다.

이 역시 도자기를 사사롭게 쓰려는 욕망을 막고자 만들어진 규정이었다. 이처럼 관청 명을 도자기에 새기는 제도는 고려 말부터 선보였지만, 조선 태종 이후로 더욱 적극적인 모습으로 운영했음을 알수 있다. 이러한 노력 덕분에 이화여대박물관 분청사기 전시에서는 관청명이 새겨진 도자기를 여럿만날 수 있네.

예를 들어 이번 전시에서 볼 수 있는 관청명을 추린다면, 관청명인 덕천고(德泉庫)가 새겨진 도자기의 경우 고려 공민왕 4년인 1355년부터 덕천고라는 명칭이 고정되어 사용되다, 조선 태종 3년인 1403년

부터 덕천고에서 내섬시로 이름이 바뀌니 소위 1355
~1403년까지 약 48년 간 사용된 도자기라 하겠다.

의성고(義成庫)가 새겨진 도자기의 경우 고려 우
왕 4년인 1376년부터 태종 3년인 1403년까지 사용
된 관청명이니, 그렇다면 소위 1376~1403년까지 약
27년 사용된 도자기다.

이렇듯 관청이 생긴 시점과 사라진 시점을 파악한
다면 각각의 도자기가 생산된 시점을 구별할 수 있으
니, 그만큼 중요한 편년 자료가 되는 것이다. 이외에
이번 전시에는 내섬시(內贍寺), 장흥고(長興庫) 등의
관청명이 새겨져 있는 분청사기도 눈에 띄는군.

그렇다면 만일 존속 기간이 짧은 관청에서 사용
한 도자기가 있다면 더 세밀하게 도자기 변화 모습
을 파악할 수 있지 않을까? 아이디어 굿.

이와 연결시킬 수 있는 중요한 예로 공안부(恭安
府), 인수부(仁壽府), 덕녕부(德寧府) 등이 있다. 이
번 이화여대 전시에는 보이지 않으나 이들 관청명
이 새겨진 분청사기는 국립중앙박물관 상설 전시에
서 확인이 가능하지.

우선 공안부는 조선 2대 왕인 정종(재위 1398~
1400년)을 위해 만들어진 관청으로 1400년에 세워
져 1420년 폐지되어 약 20년간 운영된 것이다. 이는
곧 공안부가 새겨진 도자기의 경우 1400~1420년 사

위 | 덕천고(德泉庫)라 새겨진 그릇. 국립중앙박물관. 아래 | 공안부(恭安府)라 새겨진 그릇. 국립중앙박물관. ⓒPark Jongmoo

이에 제작되었음을 알 수 있다.

　인수부는 태종 이방원을 위해 만들어진 관청으로 태종의 세자 시절에 잠시 운영되다가 폐지된 후 세종에게 왕위를 물려주고 상왕(上王)이 되자 다시 운영되었다. 이후로 인수부는 계속 유지되다가 세조 시대인 1464년 완전히 폐지된다. 그렇다면 태종이 상왕으로 있었던 1418년부터 세조 시절인 1464년까지가 인수부의 운영 기간이자 인수부가 새겨진 도자기가 생산된 기간임을 알 수 있다. 은근 오래 유지되었군.

　다음으로 덕녕부는 상왕이 된 단종(재위 1452~1455년)을 위해 만들어진 관청이다. 단종이 삼촌인 세조의 쿠데타로 상왕으로 물러난 직후부터 사육신의 단종 복위 계획에 걸려 노산군으로 격하되어 영월로 유배를 갔다가 죽임을 당한 기간까지 유지되었거든. 즉 1455년에서 1457년까지 단 3년간이다. 그런 만큼 덕녕부가 새겨진 도자기는 1455~1457년에 제작되었다.

　결국 1400~1420년 사이에 사용된 공안부 도자기를 연구하면 세종(재위 1418~1450년) 즉위 직전의 분청사기 수준을 알 수 있고, 1455~1457년에 사용된 덕녕부 도자기를 연구하면 세종 시대가 막 끝나고 난 시점의 분청사기 수준을 알 수 있다. 당연히

위 | 인수부(仁壽府)라 새겨진 그릇. 국립중앙박물관. 아래 | 덕녕부(德寧
府)라 새겨진 그릇. 국립중앙박물관. ⓒPark Jongmoo

인수부는 세종~세조 시대의 분청사기 수준을 의미하겠지. 무엇보다 각각의 관청은 정종, 태종, 단종 등 상왕을 역임한 왕실 최고 신분의 인물들을 위해 존속했으니, 도자기 역시 당시 조선 내 최고 수준을 받아 사용했을 것이다. 그 결과 이들 관청의 도자기만 잘 살펴보아도 당대 A급 분청사기의 전반적인 흐름을 파악할 수 있다.

물론 각 시점 간 변화의 폭은 매우 컸다. 정종이 사용한 분청사기는 여전히 고려 말기의 퇴화한 고려청자 분위기에서 크게 벗어나지 못하고 있었으나, 단종을 위한 분청사기의 경우 도자기 장식이 담담하고 깔끔한 격식을 잘 갖추어 만들어졌다. 즉 세종 시대를 거치며 분청사기가 질적으로 눈부시게 성장했던 것. 이처럼 세종 시대에 들어와 새 왕조에 맞는 문물이 새롭게 정립되면서 도자기 역시 고려 영향에서 벗어나 조선의 미(美)가 정립된다.

처음 접하면 조금 복잡해 보일 수도 있으나 시간을 투자해 박물관 전시를 자주 본다면 어느 순간부터 점차 이해할 수 있는 내용이다. 결국 많이 보고 즐기면서 자료를 축적하다보면 해결되는 일이니까.

추신. 세종 시대 분청사기 완성도는 여기서 언급하지 않은 또 다른 여러 편년 자료로 파악이 가능하

정통십이년 분청사기 상감사각묘지 및 분청사기 인화문 사각편병. 보물 1450호. 아모레퍼시픽미술관.

정통십삼년명 분청 사기 상감묘지 외 인화분청사기 일괄. 보물 제1428호. 국 립중앙박물관.

다. 예를 들면 보물1450호 '정통십이년명 분청사기 상감사각묘지 및 분청사기 인화문 사각편병(正統十 二年銘粉靑沙器象嵌四角墓誌 粉靑沙器印花文四角 扁甁)', 보물 제1428호 '정통십삼년명 분청사기 상 감묘지 외 인화분청사기 일괄(正統十三年銘粉靑沙 器象嵌墓誌 外 印花粉靑沙器一括)'이 있다. 각각 1447년과 1448년에 제작되었으며 죽은 이를 위해 묻 은 지석을 포함한 도자기라 하겠다. 그런 만큼 이들 도자기는 세종 후반기 분청사기 수준을 잘 보여준 다. 관심 있으면 직접 해당 유물이 있는 장소를 방문 하여 확인해보자. 참고로 보물 1450호는 아모레퍼시 픽미술관, 보물 1428호는 국립중앙박물관 소장품.

전성기 분청사기 시대

어느덧 즐겁게 전시를 다 보고 밖으로 나왔다. 집으로 가는 길, 이대역 2호선까지 언덕을 따라 올라가는데, 매번 그렇지만 신촌 거리에 외국인들이 참 많이 보이는군. 이들은 한국에서 대학을 다니는 유학생부터 관광객까지 다양한 사람들이겠지.

그런데 잠깐, 21세기 초반 대한민국을 상징하는 것은 과연 무엇이 있을까? K-pop, K-영화 및 드라마, 예능, 단색화 미술, LG나 삼성의 가전제품, 현대차, 롯데타워, 대형 선박, 아파트 문화, 삼겹살, 소주, IT 기술, 네이버, 카카오, 또⋯. 음, 그렇다면 수백 년 뒤 미래의 한반도 후손들은 이러한 흔적을 통해 21세기 초반 대한민국을 어떻게 해석하려나? 갑

세종대왕 어진

자기 궁금해졌다.

그렇다면 분청사기 시대를 역으로 생각해보자.

앞서 보듯 고려의 청자 미감에서 탈피하여 조선
의 미(美)를 정립하고 새로운 시대상을 반영한 개성
적인 분청사기를 생산하던 시기, 즉 질과 완성도에

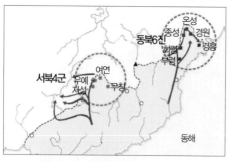

4군 6진(1434~1443년). 화살표는 북방 여진족을 상대로 한 조선 군대의 정벌 과정을 잘 보여준다.

서 최고 수준의 분청사기를 만든 시기는 대략 세종 시대부터였다. 이후 분청사기는 1468년 관요가 성립되어 질 높은 백자가 생산되기 전까지 조선에서 만드는 최고 도자기로서의 위치를 유지했다. 대략 1420년대부터 1460년대까지 약 50년이 그 시기였던 것이다.

마침 이 50년은 세종(재위 1418~1450년)부터 세조(재위 1455~1468년) 시대까지였으며, 조선사를 넘어 한반도 역대 역사 중에서도 최소한 다섯 손가락에 꼽힐 정도로 문화적으로 활발하고 선진적인 시대이기도 했다. 이때 한반도에서는 한글이 탄생하였고, 4군 6진으로 영토가 크게 넓어졌으며, 법전인 경국대전을 만들고, 음악과 토지 및 여러 제도를 정리했다. 더 나아가 수많은 학자들과 관료들의 연

대마도 정벌(1419년). 필요하다면 병력을 적극 투입하여 주변을 공략하는 등 세종이 통치하던 조선은 평화를 위해서는 우리부터 충분한 무력과 힘을 갖추고 있어야 한다는 것을 잘 알던 시대이기도 했다.

구 성과로 과학 기술과 더불어 문학 수준도 높아졌으니, 당시 중국에 위치한 명나라마저 조선의 실력을 함부로 무시하지 못할 정도였다. 더 나아가 세조 시대에는 조선의 자주성도 남달라 원구단을 만들어 중국 황제처럼 하늘에 제사를 지내기도 했으니까.

국력이 크게 성장하니, 이 시대에는 오히려 무력을 통해 남으로는 대마도를 정벌하고 북으로는 여진족을 압박하였다. 이처럼 조선이 높은 무력과 더불어 뛰어난 문화까지 지니자, 한반도에 들어와 살려는 귀화인도 갈수록 크게 늘었다. 어느 정도였냐면 임금을 호위하는 중앙 엘리트 군인 중에서도 귀화한 일본인 또는 여진족 출신이 있을 정도였다.

예조에서 아뢰기를,
"귀화하여 시위(侍衛)하는 왜인과 야인이 들어가 살 집을, 앞으로는 정부가 가진 집과 빈 집으로 주시되, 만일 없거든 큰 길의 좌·우변에 있는 빈 행랑에다 그들 가구 수의 많고 적음을 잘 생각하여 혹은 2간(間), 혹은 3간을 선공감(繕工監; 토목 관련한 관청)으로 하여금 공사하여 주되, 이를 항상 따라야 할 법으로 삼게 하소서."
하니, 그대로 따랐다.

《조선왕조실록》 세종 16년(1434) 4월 11일

해당 기록은 시위대에서 왕을 호위하는 임무를 지닌 일본인과 여진족을 위해서 그들의 집을 정부에서 구해주었다는 내용이다. 이렇듯 귀화인 중 능력이 있는 자에게 좋은 대우를 해주니 귀화인 신분으로 고위직에 오른 이들까지 등장하게 된다.

"평순(平順)의 아비 중추원 부사(中樞院副使) 평원해(平原海)는 지난 병자년(1396)에, 피상의(皮

尙宜)의 아비 부사직(副司直) 피사고(皮沙古)는 지난 기묘년(1399)에 시위(侍衛)하다가 죽었습니다.

후에 평순, 피상의가 말하기를 '신 등은 여기에서 나서 자랐으며 특별히 성상의 은혜를 입어, 벼슬이 3품에 이르렀으나 단지 본향(本鄕)이 없으니 자손에 이르러서도 일본(日本)을 본향으로 일컫게 될 것이므로 편안하지 않습니다. 빌건대, 본향(本鄕)을 내려주소서.'

하였으므로, 신 등이 조회한 바, 평순·피상의 등은 본국(本國; 조선)에서 낳았으며 시위한 지가 오래 되었으니, 청컨대 본향(本鄕)을 내려주소서."

하니, 명하여 피상의에게는 동래(東萊)를, 평순에게는 창원(昌原)을 본향으로 내려주었다.

《조선왕조실록》 세조8년(1462) 4월 24일

이는 일본 출신 귀화인으로 3품 고위직에 이른 자에게 조선식 본관을 주었다는 내용이다. 이로서 이들 일본인들은 완전한 조선인의 정체성을 지닌 채 살게 된 것이다.

한편 여진족의 경우 시위대에 종사하는 이가 왜인보다 훨씬 많았다. 이 중 성종 5년인 1474년에는 김파다상이라는 귀화 여진족이 가선대부(嘉善大

夫) 도만호(都萬戶)라는 무관직을 받은 기록이 있으며, 동청례는 세종 때 귀화한 여진족 등소로가무의 아들로서 성종 4년인 1473년 무과에 급제하기도 했다. 동청례가 무과에 응시할 수 있게 해달라 요청하자, 성종이 흔쾌히 허락하며 이루어진 일이었다. 이후 그는 왕실 친위 부대를 지휘하는 종2품에 이르는 고위직까지 올라갔다. 오늘날로 치면 차관급이라 하겠다.

이런 모습을 볼 때 조선 전기 시대를 사극으로 만들 때는 수도와 왕궁을 수비하는 군인을 묘사하며 다민족 출신이 등장하도록 해야 오히려 역사에 맞는 내용이 아닐까 싶군.

이러한 분위기는 비단 수도 한양만의 모습이 아니었다. 여진족은 함경도를 포함하여 한반도 전역에, 일본인은 부산 근처로 적극 이주해 살아가는 이가 무척 많았거든. 상황이 이러하니, 조선인들은 자신보다 아래에 여진과 일본이 있다 여겼고, 두 지역을 적극 관리, 통제하는 만큼 당연히 조선을 큰 나라라 여기게 된다. 그만큼 당시 조선인들의 경우 한반도 영역을 넘어서는 넓은 세계관과 더불어 자부심 역시 남달랐다는 의미.

바로 이 시점에 만들어진 분청사기는 당연히 조선 전기, 즉 조선 전성기 시대를 상징하는 그릇이었다. 동시대 중국의 백자와 비교하여 조선만의 독특한 미감과 격을 갖춘 도자기가 선보인 것은 나름 그 이유가 있었던 것. 그럼에도 불구하고 세월이 흐르고 흘러 한때 전성기 시대의 역사를 잊게 되자, 현재의 분청사기에 대한 인식은 매우 낮아지게 된다. 이는 단순히 지정 문화재인 국보, 보물에 지정된 유물 숫자로도 쉽게 알 수 있지. 고려청자는 국보, 보물 숫자를 합쳐서 무려 80개가 넘어간다. 조선백자도 국보, 보물이 60여 개에 육박한다. 반면 분청사기는 국보와 보물을 합쳐 겨우 30여 개에 불과하다.

이런 결과물은 분청사기가 청자와 백자 사이의 징검다리라는 단편적 인식, 더 나아가 그동안 분청사기만의 미감을 충분히 설명하여 설득시키지 못한 학계와 박물관 등이 겹쳐져서 만들어진 현상이 아닐까? 이제부터라도 분청사기를 새롭게 바라볼 기회가 생긴다면 좋겠다. 한반도 최고 전성기 중 하나인 세종 시대에 완성된 그릇. 바로 이 이미지를 바탕으로 말이지.

4

분청사기를 바라보는 눈

크리스티 경매

2019년 2월 어느 날, 북촌한옥마을에 있는 크리스티 코리아로 천천히 걸어가는 중이다. 이곳에 이번 뉴욕 경매에 출품되는 한국 유물 4점이 고려청자를 포함해 전시된다고 들었기 때문이다. 이곳 지침이 예약하고 볼 수 있다 하여, 전날 전화로 미리 관람 시간을 예약했거든.

북촌 쪽 여러 갤러리, 미술관을 걸어서 지나친다. 본래 미술관이나 갤러리가 많았던 장소이나 2013년 북촌 기무사 건물터에 국립현대미술관이 새로 지어지면서 더욱 많은 갤러리들이 집결하여 이곳에서 경쟁적으로 승부를 보고 있다. 확실히 현대 미술이 요즘 한국 미술 시장에서는 큰 화두인가보

크리스티 코리아. 2층 외벽에 붉은 색의 크리스티 상호가 보인다. ©Park Jongmoo

다. 기사를 보니, 아시아 최고의 부(富)를 지닌 도시 3위가 서울이라 하니까. 1위는 도쿄, 2위는 홍콩. 그만큼 해외 미술에 대한 관심과 수요도 경제력에 비해 여전히 부족하나 조금씩 늘어나는 중인 모양. 이를 통해 한국 뮤지엄 수준이 크게 성장하면 좋겠다.

어쨌든 번화한 북촌 거리를 확인하며 북쪽으로 쭉 올라가니 사각형의 특별한 개성 없는 건물에 작게 붉은 색의 크리스티 마크가 보이네. 1층은 프랑스 현대 미술 갤러리인 페로탱이 운영 중이고, 2층에 크리스티 코리아가 있다. 계단을 따라 올라가 전화를 거니까 굳게 닫힌 문이 열린다. 출품된 한국 유물 4점을 작은 공간에 함께 배치해두었군. 4점은 각각의 벽에 한 점씩 배치되어 있다. 다만 이번 한국 미술 경매의 주인공이라는 고려 상감 청자를 가장 잘 보이게 구도를 만들어두었다. 슬쩍 한 번 보니, 아! 탄식이 나온다.

그런데 언론에 공개된 사진에 비해 고려청자의 색이 좀 안 좋다. 특히 도자기 아래 부분 색이 좀 바래 누렇고, 청색 빛도 최상급 수준에는 조금 못 미치네. 이곳 조명이 도자기와 맞지 않아 그런 것 같기도 하고. 음. 그래도 학이나 구름은 크고 훌륭한 묘사를 지니고 있다. 전체적으로 볼 때 A급은 아니고 B에서 B⁺급 작품이다. 그래도 이 정도 역시 대단한 거지. 추정가는 30만~40만 달러(3억~4억).

고려청자 감상이 끝나고 남은 도자기 3점을 보니, 이 중 분청사기가 눈에 띄는군. 전시 뉴스에는 '분청사기 박지모란문편병'이라 되어 있었다. 이름처럼 모란꽃이 몸에 크게 장식되어 있는데, 하얀색의 꽃과 회색의 배경이 뚜렷하게 대비가 되어 생동감이 느껴진다. 오호. 고려청자보다 오히려 이 도자기가 내 눈에 잡힌다. 추정가는 4만~6만 달러(4500만~6700만 원). 도자기 질도 좋고 괜찮은 가격으로 느껴지네. 물론 나는 살 돈이 없다. 눈만 호강하는 거지.

이렇게 도자기를 충분히 감상하고 크리스티 직

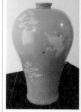

크리스티에 출품된 고려청자.

크리스티에 출품된 분청사기 박지모란문편병. 미술 경매에 출품된 작품을 직접 방문하여 보는 것은 도자기를 이해하는 데 무척 큰 도움을 준다. 서울 옥션이나 K옥션 같은 국내 경매 출품 작품의 경우에도 경매 전 미리 보여주는 전시를 하니 적극 방문해 보자. 당연히 이때 직원에게 출품 작품 정보에 대한 여러 질문을 하다보면 도자기에 대한 다양한 지적 즐거움을 얻을 수 있다. ©Hwang Yoon

원과 한참 대화를 하다가 예약된 다음 손님이 들어 오기에 사무실 밖으로 나왔다. 크리스티가 한국에 서 프리뷰를 하는 것을 보아 은근 국내 수요를 기대 하는 것 같은데, 한국 소장가가 관심을 가질까? 아 님 해외에서 구입할까? 궁금해진다.

그 후로 시간이 어느 정도 지나 뉴스를 보니 크리 스티 뉴욕 3월 경매에서 내가 본 고려청자가 4.2억 원에 낙찰되었다는 기사들이 올라왔다. 함께 본 분 청사기는 경매에서 어느 정도 가격까지 기록했을 까? 궁금해지는군. 그러나 분청사기 기록에 대해서 는 국내 언론사에 전혀 언급하지 않았네. 그렇다면 수고롭지만 내가 직접 찾아봐야지.

구글로 가서 크리스티 홈페이지를 방문한다. 그 리고 옥션 결과를 볼 수 있는 페이지로 가서 경매 내 역을 조사한다.

Location은 New York, Category는 Asian Art, Month는 March, Year는 2019. 이렇게 맞춘 후 엔터 를 누르니, 아시아 유물 경매 내용이 쭉 나열된다. 이 중에서 Japanese and Korean Art를 누르면 된다. 보통 한국 유물은 일본 유물과 함께 경매하니까.

클릭하여 쭉 아래로 내려가보니, 찾았다.

Lot 352

A Buncheong slip-decorated stoneware bottle
vase

JOSEON DYNASTY (15TH-16TH CENTURY)

Price realised USD 56,250

'분청사기 박지모란문편병'은 5만 6250달러 낙찰. 약 6500만 원 정도. 성적이 나쁘지 않네. 그럼 역대 분청사기 기록은 어찌될까? 궁금증이 생기니 이 김에 더 찾아볼까?

33억 원의 경매 기록

크리스티 홈페이지 Search art and objects라는 부분에다 분청을 영문으로 써보자. 'Buncheong'이라 쓰고 엔터를 누르니, 그동안 경매가 된 분청사기가 쭉 나열되는군.

오! 이 중에서 2018년에 경매된 한 분청사기가 313만 2500달러라고 나온다. 약 33억 원이지. 이것이 분청사기 최고 가격인가보다. 높이는 23.5cm이고, 특히 출처(Provenance)라는 부분에는

Yamamoto Hatsujiro (1887~1951년), Osaka, acquired in April 1939

Acquired from Yamamoto family in the 1980s

크리스티에 출품된 분청사기 박지모란문편병. 사진 크리스티 홈페이지.

라 되어 있네. 즉 일본의 이름난 가문의 소장품이
었던 모양. 하는 김에 구글로 더 찾아본다.
Yamamoto Hatsujiro = 야마모토 하츠지로(山本發次
郞)라고 하니까. 음, 일본 오사카의 기업인인가보
군. 나름 근대 시절 꽤나 유명한 컬렉터로 알려졌었
나보다. 그의 소장품을 모아 만든 책도 있을 정도니.
과거 소장가 정보에 대해서는 이 정도로 패스하고.

어쨌든 일본의 이름난 컬렉터로부터 나온 이 분
청사기편병은 한쪽은 기하학적인 문양, 그리고 다

크리스티에 출품된 분청사기 박지모란문편병 반대편 그림. 사진 크리스
티 홈페이지.

른 한쪽은 물고기가 새겨져 있다. 그런데 그림들이
참 기묘하다. 본래 분청사기 그림이 추상성을 띠고
있기는 하나 이것은 그 단계를 하나 더 넘은 추상화
수준이네.

사진을 가만 계속 지켜보니 왠지 드 쿠닝(Willem
de Kooning 1904~1997)의 작품처럼 느껴진다. 드
쿠닝은 추상표현주의 화가로 알려져 있고, 나는 뉴
욕 MOMA에서 직접 그의 작품을 보기도 했었지. 표
현추상주의답게 그는 감정을 솔직하고 대범하게 표

드 쿠닝(Willem de Kooning), 여인. MOMA.

현하였다. 특히 '여인'이라 불리는 그의 연작은 일부러 조잡하고 거친 표현을 통해 사람의 형태를 만들고 있으나, 얼굴 외에는 손과 발, 그리고 몸통까지 쉽게 연결되지 않는다. 해석 여지는 관람자에게 넘긴 것일까? 그럼에도 그 거친 붓질을 쫓다보면 조금씩 여인의 형태가 눈에 그려지더군. 그러나 조금만 주의를 흐트러뜨리면 다시 처음으로 돌아가 여인의 얼굴 외에는 감이 안 잡힌다.

이번 분청사기 그림이 그렇다. 물고기는 배를 하

늘에 대고 뒤집은 채 누워 있고 물결을 표현한 과감한 선과 면은 도공의 감정을 솔직하고 대범하게 보여준다. 그런데 왜 물고기가 누워 있는 걸까? 이런 형식의 그림은 한·중·일 도자기 포함 처음 본다. 아, 가만 생각하니 분청사기 중 거꾸로 누워 있는 물고기를 2점 정도 사진을 통해 본 것 같기도 하군. 기억이 가물가물. 여하튼 기묘한 표현임은 분명하다. 한편 반대편의 기하학적 표현도 남다르다. 물풀을 그리고자 한 것인지 한눈에 보아도 스피드하게 그려진 선이 보이네. 자연을 묘사하는 가장 원초적 표현은 역시 선임을 깨닫는다. 이렇듯 분청사기 두 면을 장식한 그림은 집중해서 보지 않으면 따라잡기 힘들 정도로 도공의 손에 의해 스피드하게 그려졌으며 그만큼 파격적이고 감각적이다.

이 도공은 분명 보통 인물이 아니었을 것이다. 표현 하나하나가 너무나 능숙하며 추상적으로 새겨진 그림들이 도자기에서 3차원으로 표현되면서 현대 미술을 능가하는 감각을 선보인다. 만약 해당 도공의 이름이 지금까지도 알려져 있고 그의 작품으로 추정되는 분청사기가 최소 5점 정도 되어 하나의 작품 군으로 연결이 가능했다면 33억 원이 아니라 100억 원도 가능한 예술품으로 인정받지 않았을까?

이런 도자기가 역설적으로 분청사기가 지닌 힘

일지도 모르겠다. 과거 수많은 분청사기 도공들은 수많은 도자기에 자신의 그림을 새기면서 어디에도 구애받지 않는 표현까지 선보인 것이다. 또한 그렇게 자유롭게 새겨진 그림을 당시 조선에서는 당연하듯 받아들이며 즐기고 사용하고 있었다.

해외 전시

분청사기의 회화를 현대 추상화와 연결시켜 관심 있게 본 것은 꽤 오래 전부터 있던 일이다. 한국은 독립 직후 6.25를 경험하며 최악의 시기를 맞았다. 그리고 얼마 지나지 않아 1957년부터 해외에서 한국 미술 전시를 하게 된다. 이것이 한국 박물관에서 기획한 최초의 해외 파견 한국 유물 전시였다. 미국부터 시작된 전시는 유럽에 이르기까지 나름 당대의 세계 선진국을 돌면서 한국 문화를 알렸다.

하지만 당시 서구의 반응은 한국이라는 나라의 이미지가 그리 높지 않아서인지 한국 유물 역시 그다지 관심을 보이지 않았다. 다만 그럼에도 불구하고 예술을 깊게 보는 몇몇 서양인들에게 한국 도자기, 특히 분청사기가 주는 매력은 남달랐다고 전한다. 그들은 분청사기의 표현에서 당시 유행하던 추상화 느낌을 받았기에 큰 관심을 보인 것. 관련 내용을 예전에 국립중앙박물관 관장들의 대담을 모은 글에서 본 것 같은데….

정신 차리고 다시 이야기로 돌아와, 그럼에도 불구하고 분청사기만 모아 특별전을 만들어 해외에 선보인 것은 거의 없었던 모양이다. 이리저리 자료를 찾아보아도 2011년 뉴욕 메트로폴리탄미술관 한국실에서 "한국의 분청사기"라는 제목으로 특별전을 개최한 것 정도. 아무래도 분청사기의 매력에 대한 우리의 자신감이 부족했기 때문일까?

이 전시는 삼성이 1993년 호암미술관에서 선보인 분청사기 특별전, 그리고 2001년 호암미술관에서 두 번째로 선보인 분청사기 특별전을 바탕으로 해외 전시를 꾸민 것이라 한다. 그래서인지 미국에 출품된 총 79점의 분청사기 중 무려 67점이 삼성측 소장품이었다. 이때 미국의 한 미술 평론가는 〈뉴욕 타임스〉에 "수세기 전 점토로 빚은 그릇이 현대성을 말하다(Vessels of Clay, Centuries Old, That Speak to Modernity)"(2011년 4월 7일)라고 극찬하는 기사를 올렸다고 하는군.

이처럼 분청사기의 표현에 현대적 감각을 느낀

것은 비단 현재의 나만이 아니었다. 그리고 이러한 분청사기 감각을 현대적으로 재해석하여 요즘 많은 도예가들이 분청사기 작업을 하고 있는 것은 흥미로운 일이다.

주로 현대 도자 공예를 전시하는 갤러리인 청담동 '갤러리 민(GALLERY MIN)'에서 전에 만난 한 도예가는 이렇게 말했다.

"요즘 한국 도자기에 대한 관심이 중국, 일본을 넘어 유럽이나 미국도 대단합니다."

"왜 그런 거죠?" 내가 물었다.

"유럽에서 만난 도예가가 하는 말이, 도자기로서 표현할 수 있는 모든 방법을 분청사기가 이미 다 했다고 하더군요."

"아하."

나는 도예가와 이야기하던 중 저절로 감탄이 나왔다. 조선 도공들이 온갖 표현을 선보인 분청사기는 600년이 지난 현대 도예가들이 볼 때도 매력적으로 다가오는 모양. 덕분에 분청사기 명성이 널리 알려지자 세계 도예가들도 그 남다른 개성에 관심을 보일 정도가 된다.

실제 분청사기 방식으로 만들어진 현대 도예 작품을 보면 표현의 감각과 세련미가 상당하다. 그런데 재미있는 것은 이렇게 세련되게 보이는 현대식 분청사기도 조선 시대 분청사기 옆에 두면 매력이 반감된다는 것. 과연 원조의 힘이란….

일본부터 시작된 해외 팬

아무래도 근대 이후 해외에서 가장 먼저 분청사기를 인정한 곳은 일본이었던 것 같다. 근대 시점 일본은 아시아에서 가장 빠르게 근대화가 진행되었다. 그 과정에서 많은 성공한 기업가들이 등장하였고, 최소 아시아 내에서는 그 누구와도 비교하기 힘든 커다란 부(富)를 얻을 수 있었다. 이렇게 부를 얻자 일본 부자들은 유럽 부자들처럼 세계 각지의 미술품을 수집하는 데 큰 열정을 보였다.

그 결과 현재 일본 곳곳에는 근현대 시절 성공한 사업가들이 지원한 박물관이 무척 많다. 한국의 간송미술관에 대해 근대 시절 개인이 수집한 최고 수준의 컬렉션이라 한다. 다만 그 간송 규모의 소장품

이데미츠미술관. 현재 도쿄 제국극장 빌딩 9층에 위치하고 있다. 이 빌딩은 2025년 이후 재건축될 예정이라고 한다. 이후에는 새 빌딩에서 미술관이 재오픈 될 듯하다.

을 국적과 종류를 따지지 않고 전체적으로 평가하여, 비슷한 고미술 숫자와 질을 보유하고 있는 일본 컬렉션을 꼽아본다면 최소한 10군데가 훌쩍 넘어갈 듯. 아니 오히려 간송 수집품은 일본 내 여러 컬렉션과 비교하면 규모에 있어 크지 않은 편이다. 사실상 상위 일본 기업가와 경쟁해도 꿀리지 않을 정도로 작품을 수집한 한반도 출신 컬렉터는 삼성 설립자인 이병철부터가 아닐까 싶다. 이는 곧 근대 이후 기업을 일군 사업가의 부가 미술 시장에서 얼마나 중요한지 보여준다.

흥미로운 점은 일본 내 고미술을 수집한 컬렉터들은 대부분 누구 할 것 없이 수준급의 분청사기를 몇 점씩은 당연한 듯 가지고 있다는 것. 이는 곧 이들이 분청사기가 지닌 독특한 매력에 큰 관심을 가지며 수집했음을 알 수 있다. 그렇다면 이들에게는 분청사기의 어떤 점이 매력으로 다가왔을까?

마침 개관 50주년 기념 전시를 보기 위해 도쿄역 근처에 위치한 이데미츠미술관(出光美術館)을 방문한 2016년 어느날. 전시 포스터를 보니 아무래도 이데미츠미술관이 소장하고 있는 동양 도자기 최고품을 선보이는 것이 이번 50주년 기념 전시의 목표인 듯싶군. 참고로 이데미츠미술관은 고미술 분야에 있어 일본 사립 박물관을 대표하고 있으며, 특히 도자기 및 회화 소장품이 유명하다.

엘리베이터를 타고 전시관으로 올라가자 전시 목표만큼 이곳에는 중국, 한국, 일본의 이름난 도자기가 당당하게 자리 잡고 있다. 중국 도자기의 완벽하고 단단한 미감, 일본 도자기의 화려하고 감각적인 도자기 사이에서 고려청자는 중국과 일본 도자기 못지않게 완벽하고 화려한 미감을 뽐내고 있네.

이렇게 숨이 막히는 도자기의 향연에서 쉴 틈 없이 기가 쭉쭉 빠지고 있을 무렵 내 마음을 포근하게 만드는 도자기가 보였다. 다름 아닌 분청사기가 그것이다.

갑자기 내 눈에 띈 '분청사기 상감모란문공개사

분청사기 상감모란문공개사이호. 이데미츠미술관. 한·중·일 다양한 종류의 도자기 전시 속에서도 압도적인 매력을 지닌 도자기였다. 특히 상감기법이 잘 표현되었으며, 도자기에서 느껴지는 남다른 여유와 귀티를 볼 때 세종 시대 초중반 물건이 아닐까 하고 추정해보았다.

이호(粉靑沙器象嵌牡丹文共蓋四耳壺)' 라는 이름을 지닌 분청사기는 높이 32cm에다 보름달처럼 생긴 동그랗고 당당한 몸체에 모란이 상감으로 장식되어 있다. 디자인이나 표현 기법을 볼 때 15세기 초중반, 내가 볼 때는 세종 시대 물건이 틀림없었다. 그런데 이 도자기는 아무리 오래 보아도 질리지 않았고, 한·중·일의 이름난 도자기 사이에서 어느 도자기와도 비교할 수 없는 자신만의 매력을 당당하게 보여주고 있었다.

바로 이 맛이다. 완벽하고 화려한 미감은 처음 볼 때는 감탄이 나오나, 묘하게도 오래 보면 볼수록 보는 재미가 떨어진다. 반면 분청사기는 처음에는 매력을 못 느끼거나 또는 담백하게 다가오지만, 보면 볼수록 깊은 맛이 느껴진다. 뿐만 아니라 담백한 맛의 분청사기는 어느 자리에 두어도 자연스럽게 위치하기에, 이 도자기가 있는 것만으로도 전체 전시의 균형을 잡아주는 느낌이 들었다.

아하! 그렇구나. 한·중·일 도자기를 다 선보이는 분위기에서 분청사기가 함께할 때 오히려 그 매력이 몇 배로 올라감을 깨달았다. 즉 분청사기는 분청사기만의 전시로 꾸미기보다는 분청사기의 매력을 극대화시킬 수 있는 무언가와 함께할 때 그 빛이 더해지는 것이다. 그리고 그것은 비단 분청사기뿐만 아니라 분청사기와 함께하는 다른 예술품도 마찬가지였다. 담백한 분청사기로 인해 다른 도자기의 화려한 매력 역시 극대화되며 전체적인 공간에는 묘한 균형이 생겨났으니까.

그렇다면 과연 분청사기와 함께 전시할 수 있는 미술품이 중국, 일본 도자기 외에 또 무엇이 있을까? 그 질문을 위해 분청사기가 생산되던 조선 시대, 그러니까 세종 시대에는 당대 생산되던 분청사기가 어떤 작품과 함께 있었는지 살펴볼까 한다. 이 시기는 안정된 정치와 경제력으로 중국 등 해외 고급 예술품을 열정적으로 수집하던 시대이기도 했지.

세종의 셋째 아들이자 예술적 감각이 뛰어났다는 안평대군이 17세부터 10년간(1435~1445년) 수집한 작품을 신숙주가 《보한재집(保閑齋集)》화기(畵記)에 기록하였는데, 이 내용을 보면 당시 분위기를 대략 느낄 수 있다. 총 222점의 안평대군 수집품 안에는 동진 화가 고개지의 작품을 비롯해, 당나라의 오도자, 왕유, 송나라의 곽충서, 이공린, 소동파, 곽희, 문동, 원나라의 조맹부, 선우추, 유백희, 나치천, 마원 등 중국 5대 왕조 화가 35인의 작품이 있었다고 한다. 다들 중국 예술 세계에서 전설 중 전설 같은 인물들이다. 지금은 대만의 고궁박물원 정도는 가야 이 정도 전설들을 함께 만날 수 있지 않을까 싶군. 이 외로 조선 작가로는 안견의 작품을 많이 소장하고 있었다고 전한다.

작품의 종류를 보면 산수화 84점, 화조화 76점, 인물화 29점, 서예 33점 등이었다. 아마 지금까지 안평대군의 컬렉션이 그대로, 아 아니 일부만 전해졌더라도 당연히 대부분 국보나 보물로 지정되었을 텐데. 수많은 해외 방문객들은 전설적인 중국 예술가를 만나기 위해 한국을 방문했을 듯하고…. 하지만 이미 모두 다 사라지고만 현실이 안타깝네.

한편 안평대군이 작품을 걸어두고 손님들과 함께 다과를 하며 감상하던 방에는 왕족들이나 쓸 수 있던 A급 분청사기가 그 목적이 실용이든 장식용이든 상관없이 중국 A급 작품과 함께했을 것이다. 이때도 편안해 보이는 분청사기는 중국의 완벽하고 단단한 미감들 속에서 전체적인 미의 균형을 잡아주었겠지. 당연히 안평대군처럼 예술적 감각이 뛰어나고 여러 훌륭한 소장품을 가지고 있는 인물이라면 내가 여기서 비로소 느낀 감정을 훨씬 일찍부터 경험을 통해 이해하고 있지 않았을까?

이처럼 나는 이데미츠의 소장품 전시를 보며, 그 옛날 안평대군이 수집했던 소장품이 펼쳐졌을 때를 상상해보았다. 한반도도 잘나가는 시절에는 마치 근대 일본처럼 최고 수준의 해외 작품을 열정적으

곽희, 조춘도, 1072년. 송나라 시대 중국 산수화를 대표하는 화가 곽희의 대표작으로 대만 국립고궁박물원이 소장한 3대 국보 중 하나다. 안평대군은 동양회화를 전공하는 사람이라면 반드시 알아야 할 그의 작품을 17점이나 소장했었다.

로 수집했고, 그 작품을 우리 도자기와 함께 전시하며 감상했을 테니까. 이것은 전시 공간 전체의 균형감을 이해하는 남다른 예술적 감각이 있을 때 가능한, 매우 높은 경지의 즐거움이다. 분청사기는 이처럼 제작되던 시점부터 이미 세계적 작품 속에서 남다른 매력을 뽐낸 물건이었던 것.

5

김해가 새겨진 도자기

국립김해박물관

2018년 여름, 고향인 부산에 일이 있어 왔다가 돌아가는 길에 국립김해박물관을 방문해보기로 했다. 작고 귀엽게 생긴 경전철을 타고 도시 위를 쭉 이동하니 어느덧 김해 도심이다. 이곳에는 금관가야 관련한 유적이 많은데, 김수로왕 고분을 비롯하여 삼국 시대 언덕에 만든 가야 고분 등이 그것이다. 예전에 이 주변을 참 많이 돌아다녔던 기억이 난다. 어릴 적부터 신라와 가야에 관심이 무척 많아서 말이지. 오죽하면 가야계 진골인 김유신 일대기를 책으로 냈을까. 오늘은 매우 습하고 더우므로 가야 유적지 탐방은 포기한다.

경전철 박물관역에서 내려 그늘을 찾아가며 박

국립김해박물관. ⓒPark Jongmoo

물관으로 이동하는 중. 김해국립박물관은 건물 디자인이 참 매력적이다. 검은 벽돌로 동그랗게 세워졌는데, 밖에서 보면 역사가 오래된 야구장처럼 느껴지기도 한다. 잠깐, 야구라! 롯데는 야구를 왜 이리 못하는지. 92년 우승 때 염종석 선수를 응원한 의리로 지금까지 보고 있었는데, 그 뒤로 단 한 번도 우승을 못하는 팀. 이제 이놈의 야구를 반드시 끊어야 한다. 보면 볼수록 스트레스 받아서. 그래서 야구장보다 얼핏 보면 로마 콜로세움 느낌이 난다고 정정하겠다.

국립김해박물관 안에 들어가면 가야 유물이 아주 멋지게 전시되어 있다. 하지만 나는 오늘 특별전

"김해(金海)"를 보러 왔거든. 1000여 점의 출품 유물 중에는 국가 지정 문화재 4점(국보 1점, 보물 3점), 시·도 지정 문화재 13점 등 지정 문화재 17점이 전시된다고 한다. 조금 기대를 하고 쭉 보니 김해라는 지역의 오래된 역사를 펼쳐 보이는 전시로군.

그럭저럭 재미있게 보고 있는데, 오! 저 도자기는? '김해명 분청사기(金海銘 粉靑沙器)'가 아닌가. 가운데 김해라고 한자가 큼지막하게 새겨져 있고, 분청 특유의 감각으로 장식이 치밀하게 되어 있다. 특히 김해라는 글씨가 주는 맛이 남다르다. 터프하게 쓴 한자 김해(金海)가 왠지 멋있어 보인다고나 할까?

그런데 왜 지역명을 그릇에 새긴 것일까? 《조선왕조실록》에 다음과 같은 기사가 있다.

공조에서 전하기를,

"진상하는 그릇은 대개 마음을 써서 튼튼하게 제조하지 아니하였기 때문에, 오래 가지 않아서 파손되니, 지금부터는 그릇 밑바닥에 만든 장인(匠人)의 이름을 써넣어서 후일의 참고로 삼고, 마음을 써서 만들지 않은 자에게는 그 그릇을 물어넣게 하소서."

하니, 그대로 따랐다.

《조선왕조실록》 세종 3년(1421) 4월 16일

김해명 분청사기. 국립중앙박물관. 국립김해박물관 전시에도 김해명 분청사기가 출품되었다.

도자기 완성도가 마음에 들지 않았던 세종은 아예 그릇에 제작자 이름을 넣어 책임감을 가지고 일하도록 만든 것이다. 실제로 도공 이름이 새겨진 분청사기는 특히 전라도 도자기 생산지에서 꽤 많이 출토된다. 이렇게 이름을 걸고 작업을 해서 그런지 몰라도 분청사기의 질 역시 빠르게 향상되었다. 역시 일을 시키는 방법을 잘 아시는 세종대왕.

한편 세종은 1424~1432년에 한반도 전국 지리에 대한 정보를 수집하였고, 이를 바탕으로 《세종실록지리지》가 완성되었다. 지리지 내용은 무척 상세하여 다양한 정보를 담고 있었는데, 도자기 부분도 그중 하나. 전국의 자기 생산소와 도기 생산소를 조사하여 자기소 139개, 도기소 185개를 기록한 데다, 해당 도자기 생산지도 상품, 중품, 하품으로 도자기 질에 따라 각기 구분해 표기했다. 이때 자기소에서는 분청사기를 주력으로 생산하였으니 사실상 당대 분청사기 생산 지역으로 보아도 될 것이다.

그런데 상품(上品) 자기를 생산하는 지역으로는 경상도가 3곳으로 상주에 2곳, 고령에 1곳이 있었다고 하며, 이 외로 상품 자기를 생산하는 곳은 경기도 광주 1곳이 유일했다.

이렇게 전국 도자기 생산소를 자세히 분류하면서 공납 도자기에 지역명을 새기게 된다. 이 역시 책임 의식을 지니고 작업하기 위한 방법이자 공납하는 도자기를 효율적으로 관리하기 위한 노력으로 보인다. 흥미로운 점은 지역명이 새겨진 분청사기 대부분은 경상도 생산품이라는 사실.

경상도 지역명이 새겨진 도자기

국립김해박물관에서 만난 '김해명 분청사기', 이외에도 국립중앙박물관, 국립진주박물관, 부산대박물관을 포함한 국내 여러 박물관을 방문하면 양산, 울산, 경주, 함안 등 경상도 지역명이 새겨진 분청사기를 상설 전시에서 만나볼 수 있다. 이들 경상도 도자기의 특징은 인화문, 즉 도자기 표면에 무늬를 가진 도장을 찍어 장식한 분청사기가 많다는 점이다. 이는 곧 나름 고급 분청사기를 만들었음을 의미한다. 이들 분청사기는 경상도 내 각기 다른 지역에서 만들었음에도 그릇의 규격과 크기 등이 어느 정도 일정한데 나름 중앙의 엄격한 관리가 있었음을 증명한다.

이렇게 경상도에서 생산된 도자기는 주로 장흥고(長興庫)에 공납되었다. 장흥고는 궁과 관청에서 사용하는 물품의 보급을 담당하는 중앙 기관으로 도자기 역시 주요 관리 품목 중 하나였다. 장흥고가 각 관청에 빌려주던 도자기가 제대로 돌아오지 않자, 앞으로 각 관청마다 도자기를 소유하도록 하면서 관청 이름이 새겨진 도자기가 크게 발달한 것은 이미 알고 있을 테니 넘어가자. 태종 시대의 일이었지.

이렇듯 장흥고에 공납하는 도자기가 많아지자 아예 지역명과 관청명이 함께하는 도자기까지 만들어졌다. 예를 들어 김해장흥고(金海長興庫), 양산장흥고(梁山長興庫), 울산장흥고(蔚山長興庫), 경주장흥고(慶州長興庫), 함안장흥고(咸安長興庫), 의령장흥고(宜寧長興庫), 경산장흥고(慶山長興庫), 합천장흥고(陜川長興庫), 의흥장흥고(義興長興庫), 밀양장흥고(密陽長興庫), 군위장흥고(軍威長興庫), 성주장흥고(星州長興庫), 영천장흥고(永川長興庫) 등이 그것이다. 글의 뜻은 다음과 같다. 김해에서 생산하여 장흥고로 보낸 것을 김해장흥고라 붙인 것이다. 그렇다면 다른 지역명 + 장흥고 결합도 이해하기 쉬울 것이다. 해당 지역에서 만들어 장흥고에 공납한 것을 의미하겠지.

이와 유사하게 충청도와 전라도에서는 예빈시

(禮賓寺), 내자시(內資寺), 내섬시(內贍寺) 등의 관청에서 쓰는 도자기를 생산하여 공납으로 올렸다. 이처럼 지역마다 도자기를 만들어 제공해야 하는 해당 관청이 각기 존재했던 것이다.

조선 전기 국가 시스템이 당시 기준으로 상당히 완성도 높게 구성되었음을 이것으로도 짐작할 수 있겠다. 유교를 바탕으로 한 국가 운영을 천명한 조선. 이에 맞추어 나라의 제도를 정립하려던 세종은 국가의 자원, 산업, 토지 등을 철저하게 조사하였고, 그 치밀한 결과물을 정리하여 책으로 남긴다. 이런 자료를 통해 자신이 이룩한 조선의 국가 질서를 후대 왕과 관료들도 계속 이어가기를 바란 것이다.

이는 마치 근대로 넘어오며 산업 혁명을 통해 사람들의 사고방식이 크게 바뀌자 유럽부터 그 기준에 맞추어 역사, 문화, 자원, 토지 등을 새롭게 분류, 조사하여 정리했던 작업과 유사했다. 새로운 철학을 기반으로 새 시대가 열린 이상 새 기준에 맞추어 통치 기반을 정리하는 작업 또한 정치 안정화와 효율성을 위해 매우 중요한 일이었기 때문.

그런데 경상도에서 조선 정부에 공납하는 질 높은 도자기를 생산했다는 이력은 새로운 명성으로 이어지게 된다.

일본에서 발견된 김해 분청사기

2017년 가을, 후쿠오카(福岡)에 왔다. 규슈국립박물관에서 중세 유럽의 대항해 시대에 일본은 어떤 모습이었는지를 특별 전시로 보여준다 해서 말이지. 이 시기를 일본에서는 모모야마 시대(桃山時代)라 부른다. 보통 오다 노부나가에 의해 무로마치 막부가 멸망하고(1573년), 토요토미 히데요시가 통일을 완수한 뒤 도쿠가와 이에야스가 쇼군이 되는 시기(1603년)까지를 말한다. 모모야마 시대 다음은 에도 시대.

그래서 규슈국립박물관의 전시 제목도 "모모야마 전시, 대항해 시대와 일본 미술(新 桃山展－大航海時代の日本美術)"이로군.

한편 모모야마 시대를 포함하는 일본의 전국 시대에 조선은 세조부터 선조 시대까지의 안정기였다. 한쪽은 오랜 평화가 유지될 때 다른 한 쪽은 나라가 나뉘어 수시로 전쟁이 벌어지고 있었던 것. 그렇다면 유교 제도가 자리 잡고 왕을 중심으로 안정된 통치가 이어지던 조선의 기준에서 부하가 주군을 죽이고 자식이 부모를 내쫓는 등 매일같이 칼을 들고 군사를 부리며 속이고 싸우는 것이 일상인 일본을 어떻게 보았는지는 충분히 이해될 것이다. 지금도 정부군과 반군으로 나뉘어 전투를 벌이는 중동 사건을 뉴스를 통해 바라보는 한국인의 느낌을 생각하면 금방 와닿을 것이다. 당연히 문화 수준이 떨어진다면서 낮춰 보았겠지.

거꾸로 근대 시점이 되면 먼저 근대화가 되었다며 일본인이 조선인을 낮춰 보았으니, 상대편을 보는 관점은 내가 처한 상황에 따라 매번 바뀌고 바뀌는 일 같다.

후쿠오카를 2박 3일로 여행 왔으니 내일 아침 일찍 규슈국립박물관을 가기로 하고, 오늘은 숙소에 여행 가방을 맡긴 채 하카타역 주변 구경이나 해볼까 한다. 하카타역은 참 크다. 이 건물 안에 백화점, 신칸센, 전철 등 모든 것이 구비되어 있다. 백화점 내 음반 매장에 가보니 동방신기, 트와이스 광고판

하카타 유적에서 발견된 김해명 분청사기. 사진 김해시.

이 오히려 일본 가수들보다 더 크네. 과연 K-pop의 인기란.

　현재 후쿠오카 중심인 하카타(博多)는 과거 상인들이 모여 살던 곳이었다. 나카강(那珂川)을 기준으로 서쪽은 사무라이가 살았고, 동쪽은 상인들이 살았는데, 사무라이가 살던 곳을 후쿠오카라 부른 것. 그러다 근대 시점인 1889년, 이 두 지역을 합쳐서 큰 도시로 만들 때 후쿠오카라는 이름으로 시 명칭을 정하고 대신 중요 시설인 항구와 철도역은 하카타 이름을 붙이도록 정리한다. 이에 하카타역이 후쿠오카시의 중심 상권이 된다.

　한편 과거부터 무역으로 유명했던 하카타는 도쿠가와 막부가 오직 나가사키에서만 외국과 무역이 가능하도록 지정하면서 오랜 기간 유지되던 항만으로의 위상이 무너지고 말았다. 그러다 시간이 흘러 1977년, 지하철 공사를 하던 중 유적지와 유물이 발견되면서 조사에 들어갔고, 하카타 유적이라 하여 주변 200여 곳을 계속 발굴하게 된다. 이 과정에서 16세기 이전 하카타의 무역항으로서 위상을 보여주는 증거물이 대거 나타났는데….

　도자기, 금속 제품, 목조 제품 등이 그것으로 해외에서 수입한 물건의 흔적이었다. 이 중 도자기는 조선, 베트남, 태국, 중국 도자기가 있었으며 조선 도자기 중에는 '김해명 분청사기(金海銘粉靑沙器)'도 여럿 발견된다. 김해명 분청사기…. 이것은 분명 15세기에 만들어진 조선 도자기이자 관청에 공납하던 상급 물건이 아닌가.

일본의 찻그릇이 된 분청사기

일본은 도쿄뿐만 아니라 교토, 오사카, 후쿠오카, 나고야, 나라 등 큰 도시마다 고미술을 파는 가게가 있다. 아 아니 작은 도시나 관광지 마을 같은 곳에도 골동 가게가 있다. 질이나 양도 꽤나 수준급이어서 도쿄, 교토, 오사카는 A급 작품도 쉽게 볼 수 있고, 그 밖의 지역 가게도 훌륭한 골동을 꽤나 가지고 있지. 한국은? 서울 외 부산, 대구 정도? 그 외는 잘 모르겠네. 그러나 국내 1등인 서울마저 일본과 비교하면 고미술의 질과 양에서 오사카 수준이 될까말까.

후쿠오카에 온 김에 거리를 걷다가 한 골동 가게에 들어가본다. 골동 도자기를 주로 파는 가게인데, 일본 골동 가게는 기본적으로 차 관련한 그릇이 주요 매출용으로 구비되어 있다. 후쿠오카답게 에도 시대 일본에서 만든 접시, 작은 잔 등 채색 도자기가 많이 보이는군. 질에 따라 다르겠지만 가격도 생각 외로 저렴하다. 200년이 훌쩍 넘는 도자기가 이렇게 많다니. 부럽네. 쭉 도자기를 감상하다가 물어보았다.

"미시마(三島) 도자기 있나요?"

"미시마? 있습니다."

일본에서는 분청사기를 미시마(みしま)라고 부른다. 미시마 신사에서 펴내는 책력 문양과 분청사기의 장식이 닮았다 하여 붙여졌다고 하는데, 궁금해서 미시마 신사 책력을 인터넷에서 찾아본 적이 있다. 종이에 글자가 위에서 아래로 줄을 맞추어 쭉 쓰어 있으니 멀리서 보면 점 모양이 가로 세로 줄을 맞추어 쭉 찍혀 있는 느낌이다. 이것이 분청사기에 인화문으로 장식된 문양과 얼핏 비슷하게 보인 것이다. 인화문을 도장으로 치밀하게 찍어서 표현하니 멀리서 보면 마치 점이 줄을 맞추어 찍혀 있는 느낌이니까. 다만 미시마라는 이름이 붙은 다른 주장도 있으나 오늘은 패스.

조금 기다리자 가게 주인이 미시마, 즉 분청사기를 보여주는데, 음.

"조선 것이 아니네요?"

"네. 다이쇼 시대(大正時代, 1912~1926년) 도예

가가 만든 미시마입니다."

그러곤 일본 도예가 이름을 말하는데, 한 번 듣고 잊어버렸다. 이름 뒤에 4대라 하는 것을 보니 유명 도예가 가문 4대째가 만든 것인가보다.

가만 보니 꽤나 정교하게 잘 만든 분청사기다. 일본에서는 근대 시절 이루어진 산업화로 중산층이 크게 늘어나면서 고급 물건에 대한 수요가 생겨났다. 이에 상위 부자들은 중국, 한국 골동을 수집하고, 중산층은 중국, 한국 골동을 모방한 신작을 구입하곤 했었지. 이에 한국 도자기뿐만 아니라 중국 도자기까지 모방하여 만들곤 했는데, 이 도자기도 어느덧 찻그릇으로 100년 가까이 된 나름 골동이 되었군. 오히려 에도 시대의 일반 채색 도자기보다 비싸 가격도 만만치 않다.

가게를 나와 길을 걸으며 생각해본다. 지금도 15세기 만들어진 분청사기가 일본으로 건너와 찻그릇이 된 것이 여러 개 남아 있다. 조선 시대에 일본으로 건너가 찻그릇 용도의 도자기가 된 것 중 가장 이른 시점의 물건이라 하겠다. 이 중 관청명이 새겨져 있는 것들은 나름 조선에서도 A급 분청사기로 인정받은 물건인데 일본으로 건너갔던 것이다. 한편 조선에서 관청명이 새겨진 그릇은 함부로 사용하거나 훔치지 못하기 위함이었는데, 어떻게 일본으로 건너갈 수 있었을까?

우선 일부는 밀무역을 통해 넘어간 것으로 보인다. 조선에서도 A급으로 통하는 관청명이 들어간 도자기이니 당시만 해도 질 높은 도자기 생산 능력이 없었던 일본에게는 충분히 먹힐 물건이었다. 이에 수준 높은 분청사기가 경상도에 있던 왜관을 통해 몰래몰래 조금씩 일본으로 넘어간 것이다. 두 번째로 하카타 상인들이 조선에서 직접 받아온 것들이다. 당시 하카타 상인들은 대마도 및 주변 다이묘와 결탁하여 조선 정부에 직접 사신을 보내기도 했거든. 자본을 지닌 하카타와 지리적 장점 및 조선과 연줄이 있는 대마도가 함께 힘을 합쳐 무역에 나선 것이다. 이 과정에서 조선 정부로부터 받은 물건일수도 있겠다. 아님 사신으로 파견된 일본인이 잔치가 끝난 후 몰래 가져온 경우도 있겠고.

그렇게 이 도자기들은 일본 내 실력 있는 사람의 손에 쥐어졌고, 이들은 분청사기를 사용하면서 점차 조선 도자기에 익숙해지게 된다. 여기서 익숙함이란 그릇의 감각이나 미감으로, 겉으로 보이는 형태뿐만 아니라 음식이나 마실 것을 담아 먹어본 맛 등등 도자기로 느낄 수 있는 모든 감각을 말한다.

그러다 일부 분청사기는 당시 일본에서 유행하던 찻그릇으로 활용되는데, 15세기에 이미 최고 신

분인 쇼군이 사용하는 등 남다른 가치를 인정받게 된다. 이에 관청명이 새겨진 15세기 중반 분청사기는 시간이 지나면 지날수록 구하기 힘든 골동처럼 취급되었다. 16세기 중반에 열린 일본 다회 기록을 보면 '미시마(みしま) 다완'을 사용한 기록이 있으니, 이때만 해도 벌써 100여 년 가까이 된 도자기였던 것이다. 100년이면 마치 내가 방금 골동 가게에서 만난 근대 시점 만들어진 분청사기를 본 느낌이겠군.

이후 세월이 더 지나 조선과 일본 간 임진왜란이 벌어졌고 전란이 끝나니 이번에는 끊어졌던 조선과 일본 간의 무역이 다시 이루어졌다. 이때 일본에서는 문양이 새겨진 분청사기 디자인을 조선에 그림으로 보내 찻그릇을 주문했다. 그 결과 17세기 들어와 일본이 원하는 방식으로 제작된 도자기가 부산 왜관을 통해 적극 수출된다. 15세기 조선에서 유행했던 분청사기 장식이 17세기에 조선에서 다시 모방된 채 일본으로 건너간 것이다.

호리 미시마(彫三島) 다완. 도쿄국립박물관. 임진왜란 후 일본의 주문으로 조선에서 제작된 분청사기 재현품.

그런데 이처럼 일본에서 찻그릇으로 인정받은 도자기는 관청명이 새겨진 나름 A급 분청사기뿐이 아니었다. 16세기 들어오자 일본에서는 조선 도자기 전반에 대한 관심이 커지면서 열풍적인 인기가 만들어지기 시작했으니까.

오늘은 이 정도 탐방을 하고 숙소로 가서 자야겠군.

6

이도다완

이도다완은 왜?

　이도다완(井戶茶碗)은 16세기 후반 무렵부터 일본에서 크게 유행한 한반도 제작 도자기 중 하나였다. 한반도에서 일본으로 건너간 도자기 중 가장 유명했던 것이 다름 아닌 이도다완이기 때문. 실제로도 이도다완 외에 정말 다양한 종류의 한반도 도자기들이 찻그릇으로 일본에서 큰 인기를 얻었거든. 이런 그릇들을 하나로 묶어 일본에서는 소위 고려다완(高麗茶碗)이라 부르더군. 한마디로 고려(한반도)에서 넘어온 찻그릇이라는 의미.

　하지만 일본에 남아 있는 문헌 기록에 따르면 16세기 중반만 하더라도 고려다완은 중국 도자기에 비해 그다지 높은 대우를 받지 못했다. 당시 일본의 차 모임에 대한 기록을 담은 다회기(茶會記)에 따르면 1537~1555년 사이 열린 189회의 다회만 하더라도 고려다완이 불과 5번 등장하기 때문. 그러나 16세기 후반이 되면 1578년 이도다완이라는 명칭이 기록에 처음 등장하더니, 점차 고려다완에 대한 수요가 폭발적으로 늘어나게 된다. 덕분에 1572~1598년 사이에는 1300회 다회에서 무려 566회 고려다완이 등장할 정도가 되었다. 이러한 명성은 지금도 여전하여 고려다완에 대한 일본인의 관심은 상상 이상이다.

나 역시 도자기에 관심을 가진 뒤로 여기저기서 이도다완 이야기를 너무 많이 들었다. 거기다 국내에도 관련 책과 논문이 은근 많이 있고, 일본 자료가 번역된 것도 있으며, 국내외 도예가 및 차 전문가들이 연구한 자료까지 있을 정도니까. 아마 한국인 중 도자기에 조금이라도 관심 있는 사람이라면 이도다완을 모르는 이가 없지 않을까. 최소한 명칭이라도 들어본 적이 있을 것이다.

그러나 일본뿐만 아니라 국내에서도 은근 많은 관심을 가지고 있는 이도다완은 한동안 국내 박물관에서 제대로 선보인 적이 거의 없었던 것 같다. 2019년 국립진주박물관에서 조선과 일본 문화 관련 전시를 하며 "히젠의 색을 입다"라는 전시로 일본이 소장한 조선 찻그릇을 한 점 선보인 적이 있고, 또, 음, 더 기억해보자.

아! 맞다. 나는 보지 못했지만 2004년 "조선 찻사발, 500년 만의 귀향"이라 하여 전시가 있었다. 부산에 '우리옛그릇연구회'라는 모임이 있는데 그 회원들이 자신들이 수집한 찻그릇 50여 점을 모아 전시를 꾸민 것이다. 이 중 한 회원은 일본 전국 시대 유명한 다이묘인 다케다 신겐(武田信玄, 1521～1573년)이 사용했다는 조선 찻그릇을 일본에서 구입해 선보였다. 다케다 신겐. 풍림화산(風林火山)으로 유명하며 구로사와 아키라 감독의 영화 '카게무샤(影武者)'로 잘 알려진 다이묘 아닌가? 사실 내 인생 최고 영화 중 하나가 다름 아닌 '카게무샤'다. 2위는 '올드보이', 그리고 3위 '황산벌'….

이때 전시된 찻그릇 50여 점은 한반도에서 일본으로 건너간 것을 구입해 도로 고국으로 가져온 것이다. 당연히 수집가들은 돈도 꽤 들인 것으로 알고 있다. 이분들이 이도다완을 수집할 때만 해도 한국과 일본 간에 경제력 차이가 꽤 컸던 시점이었으니까. 수집 시기인 1990년대를 비교해보면 한일 간 경제력 차이는 무려 10배였으며, 1인당 국민소득은 4배 정도 차이가 난 시절이다.

그런데 들리는 이야기에 따르면 해당 전시는 본

래 지방의 한 국립박물관에서 개최하는 것을 목표로 진행되었으나, 국립박물관 윗분께서 "이도다완이 일본 문화지. 한국 문화인가?"라며 반대 의견을 보여 무산되었다고 한다. 때마침 청주불교방송에서 소식을 듣고 제안을 주어, 뒤집어질 뻔한 전시를 살려내어 청주시한국공예관에서 개최했다는군. 당시 전시에는 32개국 주한 외국인 대사와 가족 80여 명이 참석하였고, 찻그릇 관련한 강연도 있었으며, 차를 마셔보는 시연회도 가졌다고 한다. 이 이야기를 10여 년이 지나 당시 전시에 참여했던 부산에 사는 찻그릇 소장가에게 전해 듣고 이런 생각이 들었다. 우리가 만든 도자기임에도 우리 박물관에서 이야기하지 못하는, 아 아니 정확하게는 안 하는 이유는 과연 무엇인가?

얼마 전까지만 해도 국립중앙박물관을 방문해도 이도다완과 연결할 만한 도자기는 손에 꼽을 정도로 거의 보이지 않았었다. 기증실에 한글 묵서가 써진 다완 한 점? 다른 국내 박물관도 비슷했다. 내가 박물관에서 이도다완과 비슷한 도자기를 본 것은 어느날 이화여대박물관에서 덤벙 도자기를 한 점 굽이 보이게 엎어서 전시해두었는데, 그릇 크기와 형태를 보고 이도다완과 참 닮았다고 생각했던 것 정도였다. 이 도자기 역시 여러 도자기 사이에 껴

있듯 존재했을 뿐이었다.

이처럼 마치 국내에서는 잊힌 자식처럼 취급받고 있었던 것. 그런데 그 자식이 타국에서 너무 성공해버리니까 오히려 더 멀리하게 된 느낌이랄까? 그럼 이도다완의 정체성은 어떻게 봐야 할까? 우리와는 연결고리가 정말 없는 것일까?

그러다 2011년 개관한 웅천도요지전시관처럼 지방 도자기를 전시하는 공간이 하나둘 생겨나면서 조선 찻그릇에 대한 이야기를 적극적으로 보이더니, 국립중앙박물관에서도 2021년 분청사기 전시실을 새단장하면서 큰 변화를 보이기 시작한다. 전시장 한쪽 공간에 '사기장의 공방'이라는 장소를 만든 후 조선 시대에 제작된 다양한 형태의 그릇들을 전시했기 때문. 방문하여 살펴보니, 민간에서 사용하던 생활형 도자기가 꽤 있으며, 이 중에는 형태를 볼 때 '혹시 찻그릇으로 사용하지 않았을까?'라고 생각되는 도자기도 여럿 보인다.

더 나아가 국립중앙박물관은 2021년 3층에 위치한 세계문화관을 재단장하면서 일본 전시실에 '무사와 다도'라는 코너를 선보였다. 그런데 이곳에는 아예 일본에서 유행하던 다실(茶室)을 그대로 재현해두고 대마도에서 모방 제작한 조선 찻그릇을 함께 전시한 것이 아닌가? 마침 해당 찻그릇은 이도다

©Park Jongmoo

차노유 재현. 국립중앙박물관. ©Hwang Yoon

완 모습을 정말 닮았더군. 이를 미루어볼 때 어느덧 과거와 달리 국립중앙박물관도 새로운 관점으로 차 문화와 찻그릇에 대한 관심을 보이는 것이 분명해 보인다.

그렇다면 일본에서는 왜 이도다완를 포함한 조 선 도자기를 찻그릇으로 사용하며, 이처럼 큰 관심 을 보인 것인지 알아보기로 하자.

국립중앙박물관에 신설된 '사기장의 공방'. 국립중앙박물관은 2021년
분청사기 전시실을 새단장하며 전시 한쪽 공간에 '사기장의 공방'이라
는 장소를 만들어 조선 시대에 제작된 다양한 형태의 그릇들을 전시하
고 있다. ©Hwang Yoon

누가 사용한 그릇인가

2017년 봄, 나는 차노유(茶の湯) 전시가 있다는
도쿄국립박물관을 방문했다. 인천에서 새벽 비행기
를 타고 나리타공항에 내리자마자 전철을 1시간 이
상 타고 달려 우에노 공원에 도착한다. 그리곤 근처
숙소에 짐을 맡기고, 곧장 도쿄국립박물관으로 갔
다. 숨도 안 쉬고 말을 이어가려니 힘들다 힘들어.
도착하고 시계를 보니까 아직 오전 11시네. 참 가깝
고도 먼 나라 일본이다.

특별전이 있는 헤이세이관(平成館)으로 이동한
다. 밖에 줄이 어느 정도는 있지만 금세 빠져나갈
정도의 줄이군. 이제 전시가 막 시작된 초반이라 그
런가보다. 일본은 전시가 마무리되는 시기가 다가

도쿄국립박물관 본관.

오면 다가올수록 소문이 충분히 퍼졌는지 밖에 줄
도 엄청 길어지니까. 인기 있는 전시라면 1시간 이
상 서서 기다리기도 한다. 나 역시 최장 2시간까지
기다려본 적도 있다. 그러다보면 당연히 어느 순간
부터 다리가 아픔. 오늘은 그래도 잠시 줄 섰다가
에스컬레이터를 타고 2층으로 올라갔다. 이곳에 특
별전 공간이 있거든. 오호라. 올라오니 역시나 사람
들로 북적북적하네.

차노유는 손님을 초대하여 차를 끓여서 권하는
예의범절이라는 뜻이다. 짧게 다도(茶道)라고도 한
다. 일본은 다도를 예술의 경지까지 끌어올렸다고
자부하던데, 격식을 갖추고 차를 음미하는 과정을

살펴보면 마치 한국의 유교 제사 지낼 때 하는 모습과 유사한 느낌이다. 일부러 절차를 매우 복잡하게 구성하여 각각의 행동에 남다른 의미를 부여한 점에서 말이지. 그만큼 일본 다인들은 차를 마시기까지의 과정 하나하나에 많은 의미를 두었고, 찻그릇과 필요한 여러 도구 하나하나에도 세밀한 준비를 하여 남다른 철학이 담긴 일정한 공간에서 차를 마셨다.

이 당시 일본에서 유행하던 차는 말차(抹茶)였는데, 찻잎을 갈아서 가루로 만든 것을 찻그릇에 넣은 뒤 끓인 물을 부어 섞은 후 마시는 형식이다. 이는 당나라 시절부터 널리 퍼진 차 마시는 방식이었으며, 송나라 때 이르러 귀족뿐만 아니라 도시마다 서민들까지 즐기면서 대중문화처럼 발전하였다. 이것이 동시대 고려, 일본에도 영향을 준 것이다. 고려 청자 중 유독 찻그릇이 많은 이유도 이 때문.

특히 일본은 말차를 마시는 과정에 더 큰 의미를 부여하며, 엄격한 제도를 구성하였기에 이를 지금까지도 매우 중요한 전통 문화로 여기고 있다. 그런데 이러한 다도 제도를 완전히 정립한 인물이 전국시대에 등장하였으니, 그런 만큼 이번 전시 역시 유명 다인(茶人)과 연관시켜 스토리텔링을 만든 것이다. 이 중 센노 리큐(千利休, 1522~1591년)는 한국

말차.

에서도 꽤나 유명한 일본 다인이 아닐까 싶군.

　마침 차를 마시는 공간인 다실(茶室)도 전시관 안에 재현을 해두었네. 재현된 곳은 센노 리큐의 제자이자 그의 죽음 후 천하의 다인(天下一の茶人)이 되었다는 후루타 오리베(古田織部, 1543~1615년)의 다실이라고 한다. 참 작은 공간이다. 이런 장소에서 차를 마셨던 모양. 한편 후루타 오리베는 임진왜란이 시작된 무렵부터 센노 리큐를 잇는 다인으로 큰 영향력을 미쳤고, 나중에 도쿠가와 가문의 차 스승으로 지낸 인물이다. 다만 그 역시 스승처럼 말년은 그리 좋지 않았다.

　어찌되었든 전시의 꽃은 역시나 찻그릇이었다.

전시 시작 부분에 무로마치 막부(室町幕府) 시절 일본 다도가 현재의 모습으로 자리 잡기 전에 사용한 유적천목(油滴天目)이 보인다. 중국에서 만든 건요(建窯) 중 최상위 물건으로 알려졌으며, 유약에 기름 방울이 떠올라 무늬를 만드는데 이것이 참으로 화려하고 아름답게 보이네. 밤하늘에 별이 빛나는 모습이라 할까? 이렇게 화려한 도자기에 이어 중국 청자, 백자, 건요 등이 쭉 등장한다. 이는 곧 중국 찻그릇이 무로마치 막부 시절 중요하게 사용되었음을 의미했다. 귀족풍의 화려함을 중시한 다도 시대였다.

그러다 전국 시대로 들어오면서 15세기 말에서 16세기까지 만들어진 조선의 그릇이 전시장을 가득 채우기 시작하는군. 이때부터 비로소 고려다완(高麗茶碗) 전성기를 보여주네. 조선에서 일본으로 온 찻그릇을 일본인들은 '고려다완' 또는 '고려완'이라 불렀으니까. 또한 앞서 언급한 전국 시대 여러 전설적인 다인들이 등장한 시기이기도 했으며, 이들은 질박하고 담백한 미감을 지닌 그릇, 즉 조선의 그릇을 찻그릇으로 점차 선호하였다. 고려다완의 종류에는 이도다완을 포함하여 덤벙 그릇, 분청사기 등이 있으니, 웬만큼 이름난 물건은 여기 다 모인 듯. 참고로 이도다완 역시 분청사기의 일종으로 보

위 | 유적천목. 오사카시립동양도자미술관. 아타카(安宅) 컬렉션. 유적천목에 대한 일본인의 사랑은 지금도 여전하여 이를 재현한 현대 복원작품마저 찻잔으로 사용하기 위해 큰돈을 주고 구입할 정도다.
아래 | 이도다완 유라쿠. 도쿄국립박물관.

고 있지만, 워낙 특별한 대접을 받으니 구별하여 이야기할까 한다.

어느덧 나도 이곳 일본인들처럼 고려다완, 이 중 이도다완을 열심히 바라본다. 무엇이 이 그릇의 매력일까? 일본인들은 보호 유리에 들어간 이도다완 옆에 서서 위, 아래, 옆 각도를 달리하며 빙빙 돌면서 수차례 확인하듯 열심히 감상하는 중이다. 나도 따라서 열심히 보는 척해보았다. 그럼에도 이들과는 문화가 다르다보니, 어렵다. 어려워.

하지만 그릇을 계속 뚫어져라 보니 점차 묘한 매력이 다가왔다. 조선 시대 분청사기는 장식에 있어 반추상을 보여주는데, 이도다완은 완전 추상 개념을 보여주는 것 같거든. 그렇게 계속 보다보니 도자기 표면에 얼룩덜룩하게 차의 색이 스며든 흔적들이 하나하나 나에게 말을 걸기 시작했다. 점차 그릇의 주인이 얼마나 이 찻그릇을 귀하게 여기며 오랫동안 사용했는지 이해되면서, 해당 그릇으로 차를 즐긴 사람의 열정과 마음과도 연결된다.

결국 이들 찻그릇은 평범하게 보면 한없이 평범하게 보이는 그릇이고, 깊게 보면 그릇을 사용한 사람의 감정까지 동화되는 그릇이기도 했다. 그래서인지 몰라도 이도다완은 누가 사용한 찻그릇인지가 그릇의 평과 가치를 올리고 내리는 데 가장 큰 이유가 된다. 사실상 '누가 사용한 그릇'이라는 점이 평범한 그릇에서 무엇과도 바꿀 수 없는 그릇으로 격을 구별하게 만드는 것이다. 참으로 흥미로운 부분이라 하겠다.

언제 만들어진 그릇?

　일본인들이 이렇듯 크게 감동하는 이도다완이 언제 어디서 만들어진 기물인지 정말 궁금하군. 다만 여러 조사 결과 15세기 말에서 16세기 중반까지 지방에서 만들어진 도자기로 알려지고 있을 뿐 정확한 시점과 장소는 여전히 확실하지 않다. 국내에 문서로 된 기록이 거의 남아 있지 않으니까.

　하지만 분명한 점은 조선에 백자 시대가 열리면서 분청사기가 서서히 사라지는 과정 중 이도다완이 제작되었다는 것이다. 즉 지방 도자기 생산지에서 분청사기와 연질백자(태토가 무르고 누런 빛이 나는 백자)가 함께 생산될 때 나온 물건으로 본다. 즉 경질백자(유리질이 땡땡하며 하얗고 단단한 백자)라 불리는 완성형 백자가 나타나기 전에 등장한 도자기라는 의미.

그럼 이도다완 제작 시기를 살펴보기 위해서는 백자가 만들어진 시점을 살펴봐야겠군.

사실 백자는 고려 시대부터 만들어지고 있었으나, 이때 생산된 고려 백자는 우리가 익숙히 알고 있는 단단한 유리질 형태를 지닌 백자는 아니었다. 청자 기술로 생산된 백자, 즉 연질 백자였던 것. 그리고 시간이 흘러 조선 시대에는 백자 선호도가 더욱 커졌다.

한편 학계에서는 아래의 《조선왕조실록》 기사를 들어 세종 시대에 이미 조선 백자가 상당한 수준으로 생산되었다고 이야기한다.

명나라에서 온 중국 사신 윤봉이 말하길

"종이를 제조하는 방문(方文)과 사기(沙器)를 바치라는 황제의 명령이 있었소."

하므로, 김자가 묻기를,

"사기의 수효가 얼마나 됩니까."

하니, 윤봉이 말하기를,

"수효에 대해서는 황제의 명이 없었소. 그러나 내 생각에는 10개의 탁자(卓子)에 필요한 것으로 한 탁자마다 대·중·소의 주발[椀]이 각각 1개,

대·중·소의 접시[楪兒]가 각각 5개, 대·중·소의 장본(鐫本; 그릇의 한 종류) 10개면 될 것이오."

하고, 또 말하기를,

"칙서(勅書)에 기재되지 않은 것을 이와 같이 청하여 어떻게 생각할지 모르나, 나는 본래 따로 사장(私藏)하는 것이 없으니, 장차 어디에 쓰겠소." 하였다.

김자가 이 말을 임금에게 아뢰니, 곧 전라도 감사에게 전지하여,

"전주(全州)의 지장(紙匠)에게 역마를 주어 올려 보내라."

하고, 광주 목사(廣州牧使)에게 명하여,

"명나라에 바칠 대·중·소의 백자(白磁) 장본 10개를 정세하게 구워 만들어 올리라."

하였다.

《조선왕조실록》 세종 7년(1425) 2월 15일

기록에 의하면 명나라 사신 윤봉은 황제가 보낸 문서에는 없는 명이라며 백자를 제작해달라 한다. 그러면서 "사장(私藏)하는 것이 없으니"라는 말을 굳이 붙이고 있네. 사장은 "사사로이 물건을 취한다."라는 뜻이다. 실제 윤봉은 조선으로 와서 외교를 핑계로 뇌물을 무척 많이 받은 인물로 유명했다.

조선의 물건을 받으면 명나라로 건너가 사사로이 팔아 돈을 챙긴 것. 그러했기에 백자를 달라는 것 역시 조선에서 황제를 핑계로 한 개인적인 착복으로 여길까 싶어 미리 방어를 한 것이다. 힘 있는 국가의 사신인 만큼 할 수 없이 세종은 백자를 더욱 세밀히 구워 윤봉에게 주도록 명했다. 그런데 여기서 의문이 생긴다.

당시 윤봉은 욕심이 무척 많은 인물이었다. 그런 그가 이때 조선 백자를 적극적으로 구해보더니 이후로는 큰 반응을 보이지 않은 것으로 보아 그 질이 명나라의 것과 차이가 컸기 때문이 아닐까? 실제로도 국립중앙박물관 등을 방문하여 명나라와 조선 도자기를 비교해보면 알 수 있듯이 15세기 초반만 하더라도 명나라 백자의 수준이 조선 백자보다 월등히 높았거든. 이처럼 해당 기록만으로 조선의 백자 수준이 높다고 해석하기에는 약간 찜찜하다.

그렇다면 조선에서 만든 백자는 언제쯤부터 명나라 백자 수준에 어느 정도 가까운 질을 보여주었을까?

청화 백자라고 들어본 적이 있을 것이다. 백자에 청색 코발트로 그림을 그린 도자기를 의미한다. 그런데 코발트로 그림이 그려지려면 백자가 깨끗하고 유리질도 단단하여 전반적으로 질이 높아야 가능하다. 질이 떨어지는 백자에는 코발트로 그림을 그려도 잘 배겨지지 않는데다 완성도도 떨어져 보이거든. 즉 청화로 그림이 그려지는 시점부터 비로소 단단하고 하얀 빛을 자랑하는 경질 백자 시대라 생각하면 좋을 듯싶다. 그러니 이번에는 청화 백자 관련한 《조선왕조실록》 기록을 찾아보기로 하자.

마침 찾아보니 세조 시대에 이런 기사가 있네.

주서(注書) 이수남에게 명하여 소주 5병과 아울러 화종(畵鐘; 그림이 그려진 잔)을 가지고 가서 좌의정 신숙주에게 내려주게 하였다. 술잔의 겉면에는 박 덩굴에 박이 매달려 있는 형상을 그리고, 안쪽에는 임금이 친히 지은 시(詩)를 썼는데, 그 시는 이러하였다.

"경이 비록 나를 보고 웃을 것이나
내 박이 이미 익었으니
쪼개서 잔을 만들었다."

이것은 지극한 정(情)을 보인 시였다.

《조선왕조실록》 세조 7년(1461) 6월 4일

기록에 따르면 세조는 신숙주에게 친히 쓴 시를 새겨 구운 청화 백자 술잔을 선물로 보냈다. 이때

청화로 그려진 잔. 국립중앙박물관. 세조가 신숙주에게 준 잔은 현재
남아 있지 않으나 아마 이렇게 생긴 잔에 겉에는 박 덩굴이, 안에는 왕
이 지은 시가 적혀 있었던 것이 아닐까.

왕 본인이 쓴 시를 새겼다는 것은 당연히 해당 술잔을 조선에서 만들었음을 의미한다. 이는 곧 15세기 중반이면 수준 높은 청화 백자를 제작할 정도로 백자 질이 높아졌음을 보여준다.

이처럼 백자의 질은 세조 시대에 오면 크게 발달하여 수준 높은 회화가 그려진 청화 백자를 제작할 정도가 되었다. 이처럼 왕실부터 적극적으로 백자를 제작, 사용하자 분청사기의 입지는 크게 약해졌다. 이미 명나라에서 사신단을 통해 종종 보내주는 고급 백자와 더불어 조선에서 생산되던 질 낮은 백자를 함께 사용하던 왕실이었으나, 세조 시대부터는 더 적극적으로 조선에서 만든 백자를 활용하고자 했으니까. 그런 노력은 결국 1468년 경기도 광주에 관요를 세우면서 고급 백자 시대를 열게 된다.

이처럼 중앙에서 백자 선호도가 갈수록 높아지자 지방에서도 그 분위기가 절로 이어졌다. 16세기를 전후로 청자 흙에다 백토를 발라 백자처럼 꾸민 분청사기가 널리 제작되었고, 이런 지방요들도 차츰차츰 경기도 광주의 관요 수준은 아니나 서서히 지방 백자를 만들어 사용하기에 이른다. 이는《세종실록지리지》에 324개로 기록된 전국 도자기 생산소가 불과 80년 뒤인 1530년 증보된《신증동국여지승람》에는 겨우 49개만 남은 것으로 그 분위기를 파악

백자 항아리. 15세기 후반~16세기. 국립중앙박물관.
경기도 광주에 관요가 정립되면서 조선에서도 드디어 상당한 수준의
백자가 만들어졌다. 이전의 백자와 달리 새하얀 유약 표면과 단단한
유리질이 매우 매력적이다. ©Park Jongmoo

할 수 있지.

이렇게 도자기 생산소가 크게 줄어든 것은 분청사기에 비해 발달된 가마 기술을 갖추고 재료를 더 선별하며, 유약도 고급으로 만들어야 생산이 가능한 백자 덕분에 벌어진 사건이었다. 기술을 지닌 소수의 백자 제작처로 도공들과 수요층이 몰리면서 기존의 분청사기를 제작하던 곳들은 빠르게 시장에서 도태되어 사라지고 만 것. 그렇게 분청사기가 백자로 완전히 흡수된 시기를 학계에서는 16세기 중반쯤으로 보고 있다.

그렇다면 분청사기와 연관이 깊은 이도다완 역시 15세기 후반에서 16세기 중반 시점까지 만들어진 도자기로 볼 수 있겠군. 국내 지방요 백자에 대한 연구가 아직 미흡하여 자료가 조금 부족하니 오늘은 대충 이 정도에서 정리하자.

만들어진 장소

일본에서는 고려다완을 제작 기법, 문양 또는 도자기가 제작된 장소 등에 따라 '미시마(三島)', '하케메(刷毛目)', '고히키(粉引)', '이도(井戸)', '고혼(御本)', '킨카이(金海)' 등으로 각기 구별하여 불렀다. 이번에는 이를 하나씩 살펴보자.

1. 미시마(三島)

앞서 이야기했듯이 분청사기를 의미한다. 사실 고려다완으로 언급되는 도자기 대부분이 분청사기의 일종이나, 일본에서 분류하는 미시마란 이 중 인화문(印花紋)이 장식된 것으로 한정하고 있다. 아무래도 인화문 분청사기는 경상도에서 제작된 기물이 많았던 만큼 틈틈이 가까운 일본으로 많이 건너간 듯싶다.

예를 들어 쇼군이었던 아시카가 요시마사(足利義政, 1436~1490년)가 사용하고 나중에 차의 성인(聖人)으로 불리는 센노 리큐(千利休, 1522~1591년)에게 전해져 유명해진 찻그릇, 이름하여 '미시마 오케(三島桶)'가 바로 인화문이 장식된 분청사기다. 아참, 쇼군 아시카가 요시마사는 예술과 문화를 좋아했던 인물로 조선에 사신을 보낼 때 조선을 상국(上國)이라 부르고, 당시 왕이었던 세조에게는 황제를 칭하듯 폐하(陛下)라 했으며, 조선을 큰 나라인 대방(大邦)으로 일본은 변방의 나라인 누방(陋邦)으로 표현하여 나름 유명하기도 하지. 외교상의 겸양일 수도 있으나, 어쨌든 이 시기에는 일본의 쇼군마저 조선을 나름 큰 나라로 인식했던 모양.

2. 하케메(刷毛目)

귀얄 분청사기를 의미한다. 16세기에 생산되어 일본에도 전해져 큰 인기를 누렸다. 지방요 대부분이 귀얄 분청사기를 생산한 경험이 있을 정도로 한때 크게 유행하던 디자인이었다. 지금 보아도 자유분방하면서 세련되어 현대적 감각이 느껴진다.

위 | 미시마 시라나미. 우메자와(梅澤)기념관 소장.
아래 | 미시마 오케. 도쿠가와 여명회(德川黎明會) 소장.
15세기 중반 만들어진 인화기법 분청사기는 일본에서도 동시대부터 이미 상당히 귀한 도자기로 인정받았다. 이 중 '미시마 시라나미'는 밀양 장흥고가 새겨진 분청사기로서 일본에서는 찻그릇으로 이용되었고, '미시마 오케'는 쇼군 아시카가 요시마사가 사용했던 분청사기 찻그릇이다. 즉 이도다완 이전부터 일본이 분청사기를 접하고 있었으며 이 중에서도 상당히 고위 계층이 사용했음을 알 수 있다.

3. 고히키(粉引)

덤벙 분청사기를 말한다. 16세기에 전라도 지역에서 주로 제작되었다. 일본에서는 '미요시 고히키(三好粉引)'라는 이름을 붙인 덤벙 분청사기가 유명한데, 다름 아닌 도요토미 히데요시(豊臣秀吉, 1537~1598)가 사용한 찻그릇이다. 전반적으로 표면이 눅눅하면서 상앗빛이 나는데, 완성도에 따라 묘한 격이 느껴진다.

4. 이도(井戸)

당연히 이도다완을 의미한다. 일본의 다인들은 조선으로부터 들여온 수많은 찻그릇 중에서 단연 이도를 최고로 인정하고 있으며, 이번 도쿄국립박물관 전시에서도 사실상 주인공 역할을 하고 있다. 이도다완은 세부적으로 따지면 종류가 더 나뉘는데, 해당 도자기를 워낙 높이 평가하다보니 그 크기나 기형에 따라 기준을 더 나누면서 그렇게 된 듯싶다.

이 중 가장 유명한 것은 오이도(大井戸)로 한자로 큰대(大)가 앞에 붙어 있을 만큼, 지름 15cm에 높이 9cm 정도의 큰 그릇을 말한다. 얼마나 귀하게 여겼는지 찻그릇 하나하나마다 특별한 이름이 붙어 있을 정도. '기자에몬(喜左衛門)', '쓰츠이즈츠(筒

위 | 하케메 샤로타에. 개인 소장.
아래 | 미요시 고히키. 미쓰이기념미술관.

井筒)', '유라쿠(有樂)', '쓰시마(對馬)', '호소카와
(細川)', '모리(毛利)' 등이 오이도를 대표한다.

한편 오이도(大井戶) 중 '기자에몬'과 '쓰츠이즈
츠'는 해당 찻그릇을 소장한 인물과의 일화 때문에
특히 유명세가 있으며, 이 중 '기자에몬'은 일본 내
에서 매우 큰 전시에 출품되어 드물게나마 감상할
기회가 종종 있다. 그러나 개인적으로 일본에서 미
술 전시를 그리 많이 보았음에도 '쓰츠이즈츠'는
직접 내 눈으로 본 적이 없군. 소장처에서 공개 자
체를 매우 꺼린다고⋯. '유라쿠'는 도쿄국립박물관
이 소장하고 있어서 그런지 일본 내 전시에 자주 등
장하여 그나마 위 두 개의 오이도에 비해 익숙하게
볼 수 있다. 나머지 이도다완의 설명은 여기서 하지
는 않겠지만 유명세에는 남다른 이유가 있겠지.

오이도는 조선에서 본래 어떤 용도로 쓰였던 도
자기였을까? 밥이나 국을 먹기 위해 쓴 막그릇이라
는 설, 민간에서 쓰던 제기라는 설, 본래부터 찻그릇
이었다는 설 등 수많은 주장이 있으나, 설사 누군가
는 확신을 지니고 대답할지라도 '정확한 정답은 알
수 없다'가 맞을 듯싶다. 안타깝게도 해당 그릇에
대한 명확한 기록이 국내에 남아 있지 않으니까.

뿐만 아니라 이도다완은 경상도에서 만든 것은
분명해 보이나 정확히 어디서 만들었는지는 의견이

모리이도, 이데미츠미술관.

분분하다. 어마어마한 명성을 지니고 있는 만큼 일본인들은 임진왜란 시기부터 일제 강점기 시절까지 한반도에 직접 영향력을 보일 때면 이도다완의 구체적 흔적을 찾아내기 위해 부단히 노력했지만 결국 찾지 못한 모양. 지금도 국내 연구진에 의해 이도다완 유적지를 조사하는 과정이 알려지면 일본은 방송국 기자를 적극 보내는 등 여전히 큰 관심을 보인다.

현재는 진주 근처라는 설, 창원시 진해구에 위치한 웅천이라는 설, 양산이라는 설, 고령이라는 설 등이 주장되고 있는 중이다. 개인적으로는 웅천에서 출토한 도자기를 여럿 보고 만진 경험에 따라 웅천에서 이도다완을 만든 것 같기는 하다. 유약 표면이나 특유의 그릇 느낌에서 웅천 도자기와 이도다완이 매우 비슷하거든.

5. 고혼(御本)

일본에서 원하는 찻그릇을 그림으로 그려 조선에 보내면 이를 그대로 만들어 보낸 도자기를 말한다. 이 중 유명한 것이 '킨카이(金海)'로 김해에서 만든 찻그릇이다. 즉 고혼은 임진왜란 이후 일본의 요청으로 조선에서 만든 나름 수출용 도자기라 하겠다. 다만 이들 고혼 도자기들은 대부분 부산 또는

위 | 웅천 도자기. 웅천도요지전시관.
아래 | 킨카이(金海). 17세기. 도쿄국립박물관.

부산 주변에서 생산되었으니, 이 중 부산의 도자기 제작소는 1639년 가마를 연 후 80년 가까이 존재하다가, 1717년 문을 닫았다. 운영하는 동안에는 조선과 일본 모두에게 대단히 의미 있는 장소였지.

이외에도 오늘 설명하지 못한 수많은 종류의 고려다완이 일본에 존재한다. 일일이 다 설명하다보면 너무 많은 시간이 걸리니, 이 정도로 마감해야겠다. 그런데 이처럼 조선에서 만들어 일본에서 찻그릇으로 쓴 도자기를 쭉 보다보면 대부분의 생산지가 경상도라는 사실을 알 수 있다. 지리적으로 가깝다보니 영향력을 주고받게 된 결과인가보다.

그럼 마지막으로 정리를 해보자.

고려다완 중 일본에서 특히 높은 평가를 받는 이도다완은 조선의 지방요에서 만들어졌으며, 그 위치는 경상도였다. 또한 제작 시기는 15세기 말에서 16세기 중기로 파악되는 만큼 일본 다도의 전설 센노 리큐(千利休, 1522~1591년)의 전성기인 16세기 후반이 되면 조선에서조차 만나기 힘든 도자기가 되고 만다. 생산이 이미 멈췄으니까. 그런 만큼 바다 건너 일본에서는 구하고 싶다 해서 구할 수 있던 도자기가 더욱더 아니었다. 이처럼 새로운 공급이 지속되지 않자 일정한 시기 바다를 건넌 소수의 이도다완에 남다른 소유욕과 유명세가 더해지게 된다. 그 결과가 현재의 신화적인 명성이 아닐까?

한편 도쿄국립박물관에서 차노유(茶の湯) 전시를 보면서 나는 또다시 고민에 빠졌다. 수많은 이도다완이 이곳에 출품되었지만, 고려다완이라는 설명을 통해 한반도에서 제작되었다는 것 외에는 우리와 연결될 만한 설명이나 내용은 거의 보이지 않으니, 이 역시 이도다완의 정체성을 완전히 보여준다고 여겨지지 않았기 때문. 매번 일본 다도 관련한 전시를 구경할 때마다 느끼는 생각이기도 하다. 일본에서는 자신들이 보여주고 싶은 부분만 부각시켜 이야기하고 있달까. 결국 일본 쪽 설명에서 부족한 부분은 우리가 연구해서 채워야 할 내용이라 생각한다. 어쨌든 우리 땅에서 만들어진 도자기이니까.

기념품점에서 손가락으로 하나를 표현하며 "圖錄一册(도록 한 권이요)."이라 말하니 도록 한 권을 준다. 손님들로 점원이 워낙 바빠 보이니 계산을 끝내고 빨리 나가야겠군. 관람객으로 붐비는 샵에서 도록을 하나 산 후 나는 에스컬레이터를 타고 1층으로 내려갔다.

7
일본의 집착

도요토미 히데요시의 과시욕

2020년 가을, 다음날 오전 함양에서 강연이 있으니 이 김에 진주를 방문해본다. 진주. 나와 남다른 인연이 있는 도시지. 20대 시절 공군으로 입대하여 진주에 있는 공군 훈련소에서 6주간 군사 훈련을 받았기 때문. 그 뒤로도 주변 역사 탐험을 위해 종종 들렀기에 나름 익숙한 도시다. 이곳에 오니 갑자기 장어 요리나 진주비빔밥 등이 먹고 싶어지네.

먹기 전에 우선 방문해야 할 곳이 있다. 다름 아닌 진주성, 그리고 국립진주박물관이다. 진주성 안에 국립진주박물관이 위치하니 함께 구경하는 코스로 꾸미면 무척 좋거든. 무엇보다 이곳은 임진왜란 관련한 유물이 특화 전시되어 있다. 진주성 자체가

국립진주박물관. 김시민이 활약했던 진주성 내부에 존재하는 박물관인 만큼 임진왜란을 중심으로 알차게 구성되어 있다. ©Hwang Yoon

임진왜란 때 큰 전투가 있었던 곳이니 그렇게 연계 시킨 듯. 굿 아이디어.

성곽 길을 따라 걷다 건축가 김수근이 설계한 독특한 디자인의 박물관 건물 안으로 들어선다. 삼국 시대 토기도 보이고, 통일신라 시대 유물도 있고. 그러나 주요 전시는 앞서 이야기했듯이 임진왜란 관련한 내용이다. 대포, 칼, 창, 조총, 활, 갑옷 등이 있으며 판옥선, 거북선, 일본 함대, 신기전 등의 모형도 있다. 여기에다 진주성을 지킨 김시민, 그리고 곽재우를 포함한 여러 의병장 관련한 유물을 전시하였고, 도요토미 히데요시(豊臣秀吉, 1537~1598 년) 초상화도 복제한 것이 전시되어 있군. 나는 실제 도요토미 히데요시 초상화를 일본에서 몇 번 보았는데, 강한 에너지가 느껴지는 게 참 기묘했다. 아무래도 우리에게는 악당 중 악당이기 때문이겠지.

그런데 왜 도요토미 히데요시는 일본을 통일한 후 곧바로 조선을 공격한 것일까? 그 이유에 대해서는 여러 설이 있지만 '도자기 전쟁'이라는 용어가 대중들에게 매우 잘 알려져 있다. 안 그래도 일본이 한국의 도자기에 관심이 많았는데, 전쟁의 혼란 속에서 조선 도공을 대거 일본으로 강제 이주시켜 도자기 기술을 적극 받아들인 사건이 그것. 뭐, 한편으로 수긍하면서도 도요토미의 조선 침략 결과가 도자기 기술을 얻은 것 외에는 성과가 거의 없었기에 붙여진 명칭이 아닐까 하는 생각도 들더군. 사실상 목표했던 한반도 침략은 실패로 끝나버린 전쟁이었으니까. 결국 무리한 전쟁의 실패 때문인지 몰라도 정치적 영향력이 약화된 도요토미 가문은 도쿠가와 이에야스에 의해 멸족되었다.

도요토미 히데요시는 과시욕이 무척 강했다고 한다. 저 아래 미천한 신분에서 치고 올라와 일본 제일의 인물이 된 만큼 기존의 명문 가문을 휘어잡기 위한 많은 노력을 할 수밖에 없었거든. 그 방법 중 하나가 자신의 큰 성공과 함께 자연스럽게 따라

도요토미 히데요시. 1598년. 일본 중요문화재. 교토 고다이지(高台寺).

온 부(富)를 효과적으로 과시하는 것이었다.

　　그 뒤 황금다실을 보았다. 다다미 3장 넓이에 천
정과 벽 이외에는 모두 황금으로 만들었으며, 장지
문은 문살까지 황금이며, 빨간 비단을 발랐다. 그
만듦새가 뛰어나다는 것은 말할 나위도 없다. 한편
방안의 장식용 선반은 나무 면은 배의 껍질처럼 까
슬까슬하게 만들고, 4개의 기둥을 세워 상하에 널
판을 2중 3중으로 설치했다.

《오토모 소테키 일기(大友宗滴上坂日記)》

위의 기록은 오토모 소테키(大友宗滴, 1530~
1587년)의 일기에 등장하는 내용이다. 도요토미 히
데요시를 만나러 간 그가 황금다실(黃金の茶室)에
서 차를 마신 경험을 기록으로 남겼던 것. 이런 내
용을 바탕으로 한때 도요토미 히데요시가 사용했으
나 가문 멸족과 함께 사라진 황금다실이 현재 여러
개 복원되어 있다. 도요토미 히데요시와 인연이 있
는 오사카 성을 비롯해 최소 7군데 장소에 각각 전
시되고 있는데, 과연 어떤 모습으로 복원되어 있으
려나?

앞서 이야기한 2017년 규슈국립박물관의 "모모
야마 전시, 대항해 시대와 일본 미술" 특별전에도
복원된 황금다실이 박물관 입구에 당당히 전시되어
있었다. 나는 그보다 이전에 시즈오카 MOA미술관
에서 그 형태를 처음 확인한 경험이 있다. 특히
MOA미술관의 황금다실은 현대에 들어와 첫 번째
로 복원된 것이기에 유명세가 남다르다 하더군. 3평
정도의 바닥에 높이는 나의 키(178cm) 절반 정도 더
높은 곳까지 벽을 세운 후 지붕을 덮었다. 가로, 세
로, 높이가 각각 2.5m 정도 될 듯. 다도를 위한 작은
방으로 설계되었기 때문에 그리 크다는 느낌은 들
지 않는다.

한편 이 방은 안팎으로 금박을 전부 붙여 장식했

황금다실. MOA미술관. 일본에는 도요토미 히데요시가 사용했다는 황금다실이 여러 개 복원되어 전시 중이다. 금박을 입혀 화려함을 강조한 형식이나 과연 과거에도 이 정도로 두터운 금박이었을까 의구심이 드는 것도 사실.

으니 덕분에 황금빛으로 가득하다. 복원을 위해 전체적으로 50kg의 황금이 쓰였고, 이 중 금박만 1만 5000장이 들어갔다고 한다. 경주의 황남대총에서 7.5kg 규모의 황금 유물이 출토되었으니, 이를 미루어볼 때 상당한 양임은 분명해 보인다.

다만 이 다실은 실제 남아 있는 설계도를 바탕으로 만들어진 것은 아니고, 도요토미 히데요시가 활동하던 당시 기록을 바탕으로, 다실 건축으로 유명한 하야카와 마사오(早川正夫, 1926~)가 설계하여 재현한 것이다. 그래서 나는 솔직히 현대 일본에서

재현된 황금다실의 모습을 100% 완벽한 재현이라
믿지 않는다. 일본은 이미 1397년에 만들어졌으나
1950년 불에 타 사라진 교토의 금각사(金閣寺)를 실
제 모습과 다르게 두텁게 금칠된 건축물로 되살려
낸 경력이 있기 때문. 사실상 복원이 아니라 더 화
려하게 만든 재창조에 가까웠지.

그런데 금각사 복원 때 재현된 금박의 두께는 불
타 사라진 금각사에 비해 5배나 두터웠으니. 그 결
과 투입된 황금이 20kg이라는 사실. 무려 12.8m짜
리 건축물에 들어간 황금 양이 그러했다. 이는 곧
본래 금각사는 황금이 약 4~5kg 정도 들어갔던 것
을 의미한다. 실제로 금은 가늘고 얇게 퍼지는 특징
이 있어 마음만 먹으면 꽤 넓은 범위를 얇게 펴 채울
수 있거든. 예를 들면 가로, 세로, 높이가 모두
2.5cm인 정육면체 형태의 금을 넓게 펼 경우 최대
가로, 세로, 높이 10미터를 뒤덮을 수 있다.

이를 미루어볼 때 가로, 세로, 높이가 각각 2.5m
정도의 도요토미 황금다실을 현대 들어와 복원하며
무려 50kg의 황금을 투입한 것은 몇 번을 생각해도
글쎄다. 조금 아닌 것 같단 말이지.

마치 한국에서 조선 시대 기록과 회화 자료를 통
해 거북선을 재현했다고 하나 그 형태가 여전히 정
확하지 않다는 주장이 나오는 것과 유사한 느낌이

화재 전 금각사.

화재 후 복원된 금각사. 근대 이후 한동안 아시아 유일의 선진국이라
는 이미지와 그로 인한 신뢰도가 있어서 그럴지, 근현대까지 일본의
문화 유산 복원에는 여러 문제가 있었던 것도 사실이다. 복원을 가장
한 창조에 가깝다고나 할까.

다. 생각해보니 거북선 역시 국내 여러 지자체에서 제작한 것이 총 9척 정도이며 한 척당 나름 20~30억 원 정도 들어간 물건이다. 마침 도요토미 히데요시의 황금다실 역시 한국 돈으로 하나당 약 40억 원 정도 들여 7개가 넘게 재현되었으니. 비슷한 시기 한일 양국이 비슷한 행동을 보이고 있었구나.

얇든 두텁든 어쨌거나 황금으로 상당 부분을 장식한 다실은 그의 부를 과시하기에 충분했을 것이다. 도요토미 히데요시는 황금다실을 쉽게 운반할 수 있도록 조립식으로 만들었기에, 이동하는 장소로 다실을 옮겨가며 자신이 지닌 부와 권위를 자랑하곤 했거든.

이러한 도요토미 히데요시의 과시욕은 찻그릇에서도 마찬가지였다. 그는 당대 다인들이 크게 평가하던 찻그릇을 열정적으로 수집했는데, 그 과정에서 얻게 된 유명한 찻그릇 중 하나가 다름 아닌 이도다완 '쓰츠이즈츠(筒井筒)' 다.

와비와 이도다완

와비(侘び). 사전적으로 쓸쓸하고 한적한 정취, 소박하고 차분한 멋 등을 의미한다. 아는 일본인들에게 물어보니, 대충 이 분위기가 무엇인지 설사 말로 정확히 설명은 못하더라도 그동안 살아온 경험으로 충분히 이해하고 있더라. 이렇듯 와비는 일본의 미의식을 대표하는 것 중 하나이다. 다도뿐만 아니라 건축 양식, 예술관, 문학 등에도 큰 영향을 미쳤는데, 수백 년 전이라는 비교적 가까운 시점에 완성된 사상이라 그런지 그 흔적이 여전히 많이 남아 있다.

다만 와비는 불교 선(禪) 정신을 기초로 하여 세워진 미의식인 만큼 기본적으로 선 사상을 이해하는 것이 중요하다.

선불교란 깨달음에 필요한 불성(佛性)을 누구나 가지고 있으며, 따라서 누구나 부처가 될 수 있다고 하는 내용을 골자로 한다. 이와 관련하여 유명한 이야기가 있다. '염화미소(拈花微笑)'가 그것이다. 대범천왕문불결의경(大梵天王問佛決疑經)에 의하면

어느 날 부처님이 영축산에서 사부대중을 앞에 두고 설법을 하실 때였다. 하늘에서 천신들이 여러 가지 만다라 꽃을 뿌려 부처님이 설법하시는 것을 축복하며 칭송했다. 그때 문득 부처님이 허공에서 떨어지는 꽃 한 송이를 들어 보이셨다. 그러자 대중들은 영문을 몰라 부처님과 부처님 손에 들린 연꽃을 마냥 바라보면서 부처님이 어떤 말씀을 해주시기를 기다렸다. 그때 마하가섭이 조용히 미소를 지었다. 마하가섭의 미소를 본 부처님은 드디어 입을 열어 대중 앞에서 말씀하셨다.

"여래에게 정법안장(正法眼藏; 부처님의 모든 것을 꿰뚫어보는 깨달음)과 열반묘심(涅槃妙心; 번뇌를 소멸하여 속박에서 벗어난 깨달음)이 있으니 이를 마하가섭에게 전하노라."

이 일화는 다름 아닌 염화미소, 다른 말로는 이심

전심(以心傳心)으로 해석되기도 한다. 즉 마음에서 마음으로 전달한다는 것을 뜻하니, 부처의 가르침은 단순한 말이나 글로 체득하는 것이 아님을 내포하는 일화이다.

이처럼 선불교는 경전이나 형식을 중시하던 교종(敎宗)과 다른 방향을 보이고 있다. 그 결과 불립문자(不立文字; 문자로는 표현할 수 없다), 견성오도(見性悟道; 본래 가지고 있는 불성을 찾아 깨달아야 한다) 등이 주요 가르침이 된다. 깨달음에는 본인의 직접적 경험이 가장 중요하다는 의미.

이에 선(禪)을 위해서는 다음과 같은 가치를 이해해야 한다.

1. 간소(簡素)

선은 간단하고 명료하고 소박한 것이다. 사실 생명 자체는 매우 간단한 것임에도 불구하고 이를 개념적으로 정의하고자 하니 분석적인 눈을 통해 복잡한 모습이 되어 비칠 뿐이다.

2. 탈속(脫俗)

선은 탈속한 것이다. 일체의 집착에서 벗어나 자유로운 경지에 도달한 후에야 개념에 대한 고정화와 분별을 마음대로 하던 것에서 비로소 벗어날 수 있다.

3.자연(自然)

선은 자연과 함께하는 것이다. 그런 만큼 선은 자연 또는 자연의 원리를 기반으로 자연의 순수하고 순진한 모습에 의미를 둔다.

4.유현(幽玄)

선은 깊고 깊은 것이어서 그 오묘한 맛을 일반인들은 알 수 없다. 지금 거기 있는 모습의 아름다움만을 즐기는 것이 아니라, 거기에 숨겨진 모습의 아름다움을 상상하여 감동에 깊이를 얻어야 한다. 예를 들어, 꽃을 보고 '아름답다'고 생각한다. 그것은 '지금 거기에 있는 아름다운 모습'이다. 하지만 아름다운 꽃에는 지금까지 바람이나 눈, 비 등을 견뎌냈다는 과거가 있고, 아무리 아름답게 피더라도 언젠가는 시들어간다는 미래가 있다. 아름다운 꽃은 겉모습일 뿐 뒷면에 있는 과거와 미래를 함께 생각할 때 지금 거기 있는 모습을 넘어서는 감동을 얻을 수 있다.

5.고고(枯高)

선은 또한 벼랑 위에 있는 깡마른 고목이 천년을

홀로 서 있듯이 고고한 것이다. 이처럼 선은 안에서 스며서 나오는 가치, 즉 외피와 관계없는 아름다움에 가치를 둔다.

6. 정적(精寂)

선은 고요한 가운데 허공 같은 것이다. 선의 모든 것을 받아들이기 위해 조용하고 수동적인 마음이 필요하다.

7. 변화(變化)

선은 변화무쌍하다. 선은 대칭, 규칙적, 완전한 것이 아니며 비대칭, 불규칙, 불완전한 것에서 나오기도 한다. 또한 완전한 것에 이르기 전의 모습을 불완전하다고 볼 수도 없다. 오히려 상식적으로 완전하다고 생각하던 개념을 깨트려 넘어야 한다. 이처럼 선은 고정되어 있지 않아 무엇에도 구애받지 않는다.

이와 같은 선 사상은 일본에서 와비의 기본 철학이 되어 이도다완을 감상하는 방법과도 연결되기에 이른다. 그 결과 깔끔하고 예쁜 도자기는 아니며 오히려 일부는 추해 보이는 형상도 지니고 있으나, 그릇이 지닌 본연의 가치에 집중하여 보자는 것이다.

그러면 인위적인 행동을 최소로 하여 만들어진 이 도다완에서 오히려 자연의 감각을 느낄 수 있으며, 아무리 화려한 문양을 그린 아름다운 도자기일지라도 표현하지 못하던 깊은 내면을 이해할 수 있게 된다. 또한 아무 장식도 되어 있지 않은 도자기 표면은 단순하지만, 차를 마실 때마다 서서히 누렇게 변하는 도자기의 색을 보면서 과거부터 미래에 이르는 세월의 변화까지 느낄 수 있다.

하지만 이런 과정을 겪으며 그 명성이 어느덧 높아졌음에도 차를 마시는 그릇이라는 이도다완 본연의 가치는 여전한 것이다. 그래서인지 몰라도 지금도 일본의 일부 다도회에서는 그 귀하다는 수백 년 된 이도다완으로 차를 마시는 의식을 이어가고 있다. 이렇듯 이도다완, 더 나아가 조선 도자기의 매력을 알게 된 일본 다인들은 화려한 중국 도자기를 대신하여 이를 사용함으로써 선의 가치를 다도를 통한 행동으로 보이고자 했다. 차를 마시는 행위 자체를, 경험을 중시하던 선불교를 표현하는 모습으로 해석한 것이다.

그렇게 일본 다도는 와비 정신을 바탕으로 이후 무라타 주코(村田珠光, 1423~1502년), 다케노 조오(武野紹鷗, 1502~1555년)를 통해 발전되다가 센노 리큐(千利休, 1522~1591년)에 의해 완성되었다. 하지만 센노 리큐는 일본의 다도를 정립하고 완성시켰음에도 당대 권력자인 도요토미 히데요시와 여러 문제로 사이가 급격히 안 좋아지며 미움을 받아 결국 할복하여 죽음을 맞이한다. 그러나 이러한 비극적인 죽음이 영원한 명성을 남기게 된다.

한편 센노 리큐가 죽음에 이르는 과정 중 이도다완 '쓰츠이즈츠(筒井筒)'가 등장한다. 그렇다. 앞서 도요토미 히데요시가 아끼며 소장했다는 그 찻그릇 말이지.

쓰츠이즈츠

이도다완 중 오이도(大井戶), 즉 크기가 큰 그릇
을 일본에서 더 높게 평가한다는 이야기를 앞에서
했었다. 다만 알아둘 것은 단순히 크기가 크다 하여
높은 평가를 받는 것은 아니고, 일본 다인들이 높게
평가하는 기준에 포함되는 항목이 많을수록 높은
평가를 받는 찻그릇이 된다는 사실. 그런데 그 기준
이 무려 10개가 넘어간다고 한다. 대충 정리해보자
면 다음과 같다.

1. 찻그릇의 색깔은 불그스름한 황토색, 더욱이
차를 마실 때마다 스며들어 자연스럽게 색이 변한
것이 중요하다.

2. 입술이 닿는 지점이 입술 모양을 닮아 살짝 도톰한 모양이다.

3. 도공이 물레를 돌리면서 남긴 손자국이 자연스럽게 남겨져 있다.

4. 유약이 주름같이 갈라지거나 방울지는 현상(매화피)이 굽 둘레에 나타나야 한다.

5. 찻그릇 안쪽 바닥에 찻그릇을 포개 구울 때 서로 달라붙지 않도록 흙을 떡처럼 만들어 붙인 자국이 5개 남아 있어야 한다.

6. 몸체에 유약이 부드럽게 흘러 그 모습이 자연스러워야 한다.

7. 굽이 높아서 한 손으로 쥐고 들 수 있으면 좋다.

8. 모모야마 시대부터 근대 시대까지 유명한 소장가의 소장품이면 가치가 더 상승한다.

이외에도 사람들마다 이런저런 조건이 많다. 이처럼 여러 조건을 통과하여 최고로 뽑힌 이도다완이 '기자에몬(喜左衛門)'과 '쓰츠이즈츠(筒井筒)', 이렇게 두 개인데, '기자에몬'을 언급한 국내 책이나 도예가는 워낙 많은 만큼 오늘은 '쓰츠이즈츠' 이야기를 해보도록 하자.

일본 후쿠이현에는 전국 시대 103년 간 해당 지

역을 통치한 다이묘 아사쿠라 가문이 있었다. 그러나 1573년 오다 노부나가(織田信長, 1534~1582년)에 의해 본거지가 하룻밤 사이에 함락되고 말았는데, 1967년부터 발굴 조사를 시작하면서 여러 물건을 발견하게 된다. 이 중에는 이도다완을 포함한 여러 분청사기가 있었으니, 이는 곧 1573년 이전에 이미 상당수의 고려다완이 일본에 전해지고 있음을 알려준다.

이처럼 고려다완이 조용히 인기를 얻어가던 때 큰 사건이 발생한다. 1582년, 일본을 통일하려던 오다 노부나가가 부하였던 아케치 미츠히데(明智光秀, 1528~1582년)의 배신으로 공격을 받고 자결을 하니 이것이 혼노지의 변이다. 오다 노부나가의 부하였던 도요토미 히데요시는 이 기회를 틈타 자신이 권력자가 되고자 주군의 복수를 한다면서 아케치 미츠히데를 공격하였다. 복잡한 상황에서 다이묘 쓰츠이 준케이(筒井順慶, 1549~1584년)는 본래 아케치 미츠히데와 인연이 있었기에 두 세력 사이에서 가만히 눈치를 보고 있었다. 그러다 도요토미 히데요시가 승리하자 뒤늦게 복종을 맹세하기로 한다. 이때 쓰츠이 준케이가 두 세력 사이에서 눈치를 본 일화는 후에 기회주의자를 의미하는 관용어가 되었다고 하는군.

여하튼 항복은 하지만 패자인 아케치 미츠히데와의 인연 때문에 도요토미 히데요시가 어떤 반응을 보일지 알 수 없는 상황이다. 이에 그는 자신의 목숨을 위하여 그동안 소장하고 있던 귀하고 귀한 이도다완을 도요토미 히데요시에게 바쳤다. 그것이 바로 그의 이름을 딴 이도다완, '쓰츠이즈츠(筒井筒)'다. 물론 해당 이름이 붙여진 다른 설도 존재하지만 너무 이야기가 복잡해지니 여기서는 패스. 그렇게 도자기와 바꾸어 쓰츠이 쥰케이는 목숨을 유지하였으나 겨우 2년 정도 살다 병으로 죽었으니. 참으로 인간의 삶이란.

한편 도요토미 히데요시는 얻은 찻그릇을 보고 무척 만족했는데, 당시 이름값을 높여가던 고려다완 중에서도 매우 훌륭한 물건이었기 때문이다. 그런 만큼 그는 이 찻그릇을 매우 귀하게 여기며 사용했지만, 1587년 다도회에서 참가자들과 다함께 시음을 하는 중 그만 한 무장이 떨어뜨려 '쓰츠이즈츠'가 5조각으로 깨지는 사건이 발생했다. 당연히 도요토미 히데요시는 깨진 그릇에는 애정이 없었기에 더 이상 관심을 보이지 않았다.

하지만 '쓰츠이즈츠'는 이렇게 버려지며 끝날 운명이 아니었나보다. 센노 리큐가 깨져 버려진 '쓰츠이즈츠'를 가져가 직접 수리하여 자신의 다도회에서 사용하기 시작한 것. 완전함을 따진 도요토미 히데요시와 달리 센노 리큐는 깨져서 가치가 사라진 그릇도 수리를 한다면 그릇으로서 쓰임에 부족함이 없다고 여겼기 때문이다.

이렇게 도요토미 히데요시에 의해 버려진 찻그릇은 센노 리큐에 의해 다시금 살아나면서 이름값이 이전보다 더 높아졌다. 하지만 어느 날 센노 리큐의 다도회에 도쿠가와 이에야스(德川家康, 1543~1616년)가 참가하면서 문제가 발생한다. '쓰츠이즈츠'에 차와 함께 독을 몰래 넣어 도쿠가와 이에야스를 암살하라는 도요토미 측 제안을 센노 리큐가 무시해버린 것이다. 그러자 도요토미 히데요시는 자신이 버린 찻그릇을 고쳐 사용하면서 명성을 높인데다 말까지 듣지 않던 센노 리큐를 미워하게 되었고, 결국 다른 문제를 핑계로 할복하도록 만들었다. 이때가 1591년 2월 28일로 자신의 저택에서 할복으로 센노 리큐는 세상을 떠난다.

이런 일화가 들어간 찻그릇이다보니 도쿠가와 막부 시대에는 그다지 좋은 대우를 받지 못했다. 아무리 이름값이 높더라도 막부를 세운 인물을 암살하기 위해 사용하려던 물건이니까. 이에 교토의 비샤몬도(毘沙門堂)에서 조용히 보관하였다. 그렇게 제2차 세계대전이 마무리되는 시기까지 세월이 흐

이도다완 쓰츠이즈츠. 개인 소장. 몸에 난 많은 상처가 오히려 훈장이
된 찻잔이다. 그런 만큼 이 그릇을 사용했던 센노 리큐의 철학이 잘 느
껴진다고 하겠다.

르고 흐른다. 어느덧 도쿠가와 막부도 사라진 지 오래였고, 전쟁의 피해를 복원하기 위하여 자금이 필요해진 비샤몬도에서는 사찰을 수리하는 비용을 만들고자 소장하던 '쓰츠이즈츠'를 경매에 내놓았다. 이때 가나자와(金澤) 지역의 사업가 나카무라 에이슌(中村榮俊, 1908~1978년)이 구입하였으니, 유명한 찻그릇은 다시금 새로운 보금자리를 얻었다.

현재는 나카무라 에이슌이 자신의 주택을 개조하여 1966년 건립한, 가나자와 시립 나카무라기념미술관이 보관하고 있는데, 외부 기관에 빌려주는 일은 거의 없나보다. 아 아니, 소장된 미술관에서조차 자주 공개하지 않는다고…. 덕분에 나도 기회를 못 얻어 직접 본 적이 없다.

한편 이도다완 이야기를 하다보니 흥미로운 이야기가 떠오르네. 한국에서는 어느 순간부터 조선 달항아리를 이도다완처럼 조건을 매우 까다롭게 하여 명품을 매기고 있으니 말이지. 높이는 40cm 이상이 되어야 하고, 몸 중앙에는 접한 선이 보여야 하며, 항아리 모양은 포근한 형태여야 하고, 유약과 표면 색깔은 등등…. 정말 여러 조건을 따져서 달항아리를 평가하는 중이며, 그 엄격한 기준에 따라 세계에 약 20~30점 정도의 달 항아리가 있다고 한다. 조건이 엄격해진 만큼 희귀성이 더해진 것이다. 그

달항아리, 보물 1437호, 국립중앙박물관. 16세기 초중반 만들어졌던 이 도다완을 16세기 후반부터 부각시키면서 갈수록 형태에 따른 여러 명품 조건을 따진 일본처럼 18세기에 만들어진 달항아리를 20세기 들어와 부각시키면서 갈수록 형태에 따른 여러 명품 조건을 따지고 있는 한국. 매우 유사한 느낌으로 다가온다. ©Park Jongmoo

런데 이렇게 구분시키는 것이 과연 옳은 것인지, 아 님 감상의 폭이 발달하는 과정인 것인지 잘 모르겠 다. 당장 달 항아리가 조선 시대에 어떤 용도로 쓰 였는지조차 의견이 분분하니까.

무엇보다 2005년 국립고궁박물관에서 달 항아리 9점을 특별전으로 선보이고, 2007년 국보로 2점의 달 항아리가 승격되면서 그 열풍은 더욱 거세졌다. 오죽하면 달항아리 재현 작가가 2000년 중반 이후 크게 늘어났고, 미술 경매에 등장하는 재현 달 항아 리 숫자도 늘어난 데다 한국의 미(美)를 상징하고 우리 정서를 표현했다는 언론의 찬탄도 갈수록 강 해지고 있으니 말이지. 단순한 도자기를 넘는 반응 이 만들어진 것이다. 덕분에 가격 역시 어마어마한 수준으로 폭등하고 말았지.

이렇듯 21세기 초반 국내 달 항아리 열풍을 경험 하였기에 과거 일본의 이도다완 열풍이 어떠했는지 충분히 이해되는걸. 시기와 장소만 달랐을 뿐 아마 이와 비슷한 분위기였을 테니까.

조선과 일본, 임진왜란 이전에는 어땠나

　국립진주박물관 구경을 끝내고 밖으로 나오니 날이 조금 어두워졌군. 그렇게 진주성 밖으로 나가면서 촉석루에 잠시 들러본다. 오후 6시면 절벽 쪽이 어두워져 안전상 촉석루 문을 닫으므로 잠시만 봐야지. 촉석루 아래 남강을 보고 있자니 강 건너 보이는 아파트가 운치 있어 보이네. 저 아파트는 야간이 되면 조명으로 멋지게 빛나는 촉석루를 매일 보겠구나. 스마트폰을 꺼내 아파트 이름을 검색해보니 '망경한보타운'이라고 한다. 늘상 보는 뷰가 촉석루라니 부럽다.

　이렇게 현재는 평화로운 진주성이나 과거에는 임진왜란의 격전지였으니, 전쟁의 참화란 쉽게 사라질 수 있는 기억이 아닌가보다. 그 증거로 촉석루에는 지금도 논개 영정이 있으니까.

유몽인(柳夢寅, 1559~1623년)의 어우야담(於于野譚)에 따르면 다음과 같은 기록이 있다.

논개는 진주 관기였다. 계사년(1593)에 김천일이 의병을 일으켜 진주를 근거지로 왜병과 싸우다가, 마침내 성은 함락되고 군사는 패하고 백성은 모두 죽었다. 이때 논개는 분단장을 곱게 하고 촉석루 아래 가파른 바위 꼭대기에 서 있었으니 아래는 만길 낭떠러지였다. 사람의 혼이라도 삼킬 듯 파도가 넘실거렸다. 왜병들은 멀리서 바라보며 침을 삼켰지만 감히 접근하지 못하였다. 그런데 왜장 하나가 당당한 풍채를 자랑하며 곧장 앞으로 나아가지 않는가? 논개는 요염한 웃음을 흘리면서 왜장을 맞았다. 왜장의 손이 그녀의 연약한 몸을 잡자 논개는 왜장을 힘껏 끌어안는가 싶더니, 마침내 몸을 아래로 던졌다. 두 사람은 모두 익사했다.

참 슬프고 안타까운 이야기이다. 많은 방문객들이 촉석루에 들러 논개를 추모하고 있다.

그렇다면 임진왜란 이전에는 조선과 일본이 과연 어떤 관계를 이어갔는지 한 번 복기해볼까?

진주성 촉석루 밖으로 나가면 만날 수 있는 의암. ©Hwang Yoon

한반도에서는 고려 말부터 조선 초기까지 3차에 걸쳐 대마도를 정벌했는데, 이 중 가장 유명한 사건이 3차 대마도 정벌로 세종 때의 일이다. 왜구라 불리는 해적들이 고려를 이어 조선이 세워진 이후에도 계속 바다를 통해 침범하자, 조선은 왜구가 주로 머무는 대마도를 정벌하여 위엄을 보이고자 했다. 이에 세종 1년(1419) 이종무가 이끄는 1만 7285명의 병력이 대마도를 공략하여 어느 정도 성과를 만든다. 이어서 온건책도 펼쳤으니, 세종 8년(1426) 대마도주의 계속된 요청을 받아들여 웅천의 제포, 동래의 부산포, 울산의 염포 3포를 개항하고, 그곳에서 교역하는 걸 허용한다. 그 결과 약 100여 년간 조선과 일본은 큰 갈등 없이 지낼 수 있었다. 대마도의 부족한 물자를 해적질이 아닌 교역으로 충당할 수 있었으니까.

그렇게 시간이 지나자 조선이 개항한 항구에서 사는 일본인이 크게 늘어났다. 거주자 60명에서 시작하여 1466년에는 1650명의 일본인이 3포에 살더니, 1495년에는 무려 3105명으로 늘어난 것이다. 뿐만 아니라 3포에는 일본식 사찰을 짓고 남녀노소 일본인이 마을을 만들어 살았으니, 마치 조선 내 일본 마을처럼 운영되었다. 이들은 조선에서 남자는 물고기를 잡고 여자는 장사를 하며 나름 풍족하게 살

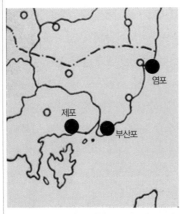

3포 개항. 세종 8년 대마도주의 계속된 요청을 받아들여 웅천의 제포, 동래의 부산포, 울산의 염포 3포를 개항하고, 그곳에서 교역하는 걸 허용한다.

아갔다.

당시 일본인들은 왜 이렇게 조선으로 건너와 살았던 것일까? 대마도의 척박한 땅에서 살기란 참으로 어려운 일이었나보다. 산지가 많고 농사를 지을 수 있는 밭이 적은데다 일본 본토에서도 관심이 없으니 별다른 지원은 없었다. 그래서인지 마침 조선이 무역을 통해 살 수 있는 기회를 만들어주자 너도 나도 조선으로 가서 살고자 한 것. 덕분에 대마도는 조선을 상국(上國)이라 불렀으며 일부 대마도인은 아예 대마도를 조선으로 편입시켜달라고 조선에 청원을 올리기도 했다. 반대로 조선에서도 대마도주에게 조선의 벼슬을 주고, 대마도 출신 중에 실력 있고 재주 있는 이들을 뽑아 적극적으로 귀화시키기도 했으며, 일부는 조선 왕실에서 금군으로 일하기도 했다.

하지만 이런 관계가 100년 정도 지속되자 문제가 발생된다. 조선 어부와 3포에 거주하는 일본 어부가 물고기 잡히는 곳을 두고 경쟁하다 다투는 일이 늘어나고, 밀무역이 성행하면서 통제가 되지 않는 상황이 종종 벌어졌다. 이에 연산군을 몰아내고 세워진 중종 시대부터 문란했던 국정을 바로잡는다며 3포에 대한 엄격한 제한을 두기 시작했다. 관리들 역시 일본인을 무시하고 함부로 대했는데, 부산포 첨사였던 이우증(李友曾, ?~1510)의 행동이 특히 유명하지. 일본인을 붙잡아 머리카락에 노끈을 묶어 천장에 매단 뒤 그 노끈을 활로 쏘아 떨어뜨리며 공포에 떠는 일본인 보기를 놀이처럼 즐긴 것이다.

몇몇은 조선 땅에서 태어나기도 하고 몇몇은 조선이 제2 고향이기도 한 재조선 일본인에게 조선 정부의 갑작스러운 압박과 제약, 더 나아가 차별 및 공격적인 대우는 분노를 일으키게 만든다. 그 결과 중종 5년인 1510년, 삼포에서 일본인들이 크게 난을 일으키니, 이것이 바로 '삼포왜란'이다. 4000~5000명의 사람이 모여 부산포를 공격하였고, 그 과정에서 첨사 이우증를 살해했다. 이후 조선 정부에 알리길 "첨사 이우증 외에는 유감이 없고 다시 조선에 충성을 하며 살겠다."라 밝힌다. 하지만 조선 정부는 이를 인정하지 않고 난을 제압한 뒤 3포를 폐쇄해버렸다. 이미 난 중에 조선 백성 270여 명이 죽었기에 가만히 넘어갈 일이 아니었으니까.

그러자 대마도주는 난의 책임자 머리를 베어 바치고, 무로마치 막부에 간청하여 일본국왕사라는 승려를 조선 외교관으로 보내는 등 각고의 노력 끝에 1512년, 무역 허가를 다시 받아내기에 이른다. 그러나 무역으로 허락된 양은 이전의 절반도 안 되었고, 더 나아가 조선은 이전의 3포 중 2개를 없앤 후 웅천의 제포에서만 무역을 하도록 허락한다. 그러자 교역량이 줄어 부족한 물자에 시달리게 된 대마도와 그 주변 지역에서는 해적이 다시금 발생했으니, 이후 사량진 왜변(1544년), 을묘왜변(1555년) 등 조선 땅에는 일본 해적들의 침입이 지속되었다. 그렇게 다시금 시작된 일본의 침입은 1592년 임진왜란으로 이어지고 만다.

한편 조선의 일본 통제는 단순히 대마도를 통해서만 이루어진 것은 아니었다. 조선과 남다른 관계를 지속하던 일본 세력이 있었으니까. 당시 일본은 무로막치 막부가 세워져 있었으나, 전국을 중앙 집권으로 완벽히 통제하지 못하고 있었거든. 그래서 여러 다이묘(大名)들이 독자적 영지에서 사실상 독자적 정치를 했다. 이 중 오우치(大內) 가문이 있었다. 현재의 야마구치현을 영지로 가지고 있었으며 전성기에는 규슈 북부와 주고쿠 서부 지역을 장악한 강력한 다이묘였지. 이들은 조선에 사신을 보내며 적극적 교류를 원했으니 《조선왕조실록》에서 이들을 뜻하는 대내전(大內殿)을 찾아보면 태조부터 선조 시대까지 무려 수백 회 기록으로 등장할 정도다. 그런데 조선과 교류 과정에서 이들은 흥미로운 주장을 하였는데, 한 번 살펴볼까?

정종 1년인 1399년, 가문의 수장 오우치 요시히로(大內義弘, 1356~1399년)는 조선에 "자신이 백제 왕의 후손이라는 것"을 확인해달라는 공문을 사신과 함께 보낸다.

일본 좌경 대부(左京大夫) 육주목(六州牧) 의홍(義弘, 오우치 요시히로)이 구주(九州, 규슈)를 쳐서 이기고 사자를 보내어 방물을 바치고, 또 그 공적을 말하였다. 임금이 의홍(義弘)에게 논과 밭을 하사하고자 하다가, 첨서중추원사(簽書中樞院事) 권근과 관원의 의논으로 그만두었다.

의홍이 청하기를,

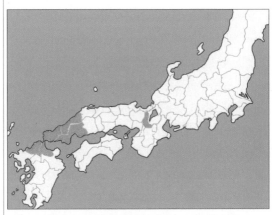

전성기 시절 상당한 영지를 보유한 오우치 가문. 이들은 바다 건너 가까운 조선과 매우 친밀한 관계를 유지했다.

"나는 백제의 후손입니다. 일본 사람들이 나의 세계(世系)와 나의 성씨(姓氏)를 알지 못하니, 갖추어 써서 주시기를 청합니다."

(중략)

임금이 또한 말하기를,

"의홍이 우리나라에 향하여 정성을 바쳐 적을 쳐부수었는데, 원하는 바는 오직 이 일뿐이다. 하물며 본래 토지를 요구한 것이 아니라, 본가의 계통을 밝혀달라고 요구한 것이다. 이것은 실속 없는 은혜를 베풀어 실속 있는 보답을 얻는 것이니, 무엇이 불가하겠는가? 설사 이후에 문제가 있더라도 시기에 임

하여 그때그때 잘 결정하면 무엇이 어렵겠는가?'

하고, 일을 호조(戶曹) 급전사(給田司; 토지 관련한 관청)에 내리고 말하였다.

"일본국 육주목 좌경 대부 의홍은 본래 백제 시조 온조왕 고씨(高氏)의 후손인데, 그 선조가 난을 피하여 일본에 건너가서, 대대로 상승하여 육주목에 이르러 더욱 귀하고 현달하게 되었다.

근년 이래로 대마도 등 삼도(三島)의 사나운 백성들이 폭도를 불러 모아 우리 강토를 침노하여 어지럽히고 인민들을 노략하여, 이웃 나라 사이의 균형을 저해하였다. 지난번에 대상국(大相國; 무로마치 막부 3대 쇼군)이 의(義)로써 병사를 내어 몸소 전투를 감독하고 격려하여 그 무리를 섬멸하였으니, 변경의 인민들이 편안하고 조용하게 되어, 생민에게 해독이 없게 하고 두 나라로 하여금 화평한 관계를 닦게 하였다. 내가 그 공을 아름답게 여겨 그 공적을 말하기를, '참으로 잊지 못하여 그 공을 갚고자 한다.'고 하였다. 너희 호조 급전사에서는 그 선조의 옛 땅이 완산(完山)에 있는 것을 상고하여, 예전대로 토지를 주고 봉토로 삼도록 해서 특수한 공훈을 포상하라."

《조선왕조실록》 정종 1년(1399) 7월 10일

《조선왕조실록》 기록에 따르면 오우치 가문은 쇼군의 명으로 대마도에 있던 해적들을 처단하고, 이를 사신을 보내 조선에 알렸던 모양. 그러자 당시 조선 왕이었던 정종은 이들을 높게 대우하여 완산의 땅을 봉토로 주려 하였다. 물론 신하들의 반대로 땅을 주려던 계획은 실행되지 않았지만 말이지. 여하튼 이번 사건으로 오우치 가문은 조선 정부의 큰 관심을 끄는 데 성공한다.

이 뒤로도 오우치 가문은 계속하여 조선에 조공을 하며 사신을 파견하였고, 그 과정에서 더 구체적인 가계까지 등장하였다. 다름 아닌 자신들을 백제 성왕의 셋째 아들인 임성태자(琳聖太子)의 후손이라 주장한 것. 즉 임성태자가 일본에 백제 사절단으로 파견되어 왔다가, 그냥 눌러 살게 된 후 그 후손이 이어져 오우치 가문이 되었다는 의미다. 이에 조선 정부에서는 관련 역사 기록을 찾아보았으나 이미 기록이 사라졌기에, 백제 쪽 세계(世系)와 성씨(姓氏)을 알아내지 못했다. 그럼에도 불구하고 그 뿌리가 한반도라 주장하는 만큼 오우치 가문을 조선에서는 꾸준히 우대하였다. 심지어 일본의 중앙 정부였던 쇼군 막부 다음가는 대우를 할 정도.

이처럼 돈독해진 관계 덕분에 오우치 가문이 조선에 조공을 보내면 조선에서는 대장경이나 불전

(佛典), 그 밖의 여러 하사품과 조선과의 무역 이익까지 보장해주었다. 대신 오우치 가문은 왜구를 방비하는 데 도움을 주며, 일본 정치 상황에 대한 고급 정보를 제공했고, 조선의 사신이 무로막치 막부로 이동할 때 역시 여러 지원을 해주었다. 그 결과 오우치 가문의 부는 조선과의 무역을 통해 엄청나져서 가문의 수도 야마구치는 한때 '서쪽의 교토'라 불릴 정도로 부강해졌다.

이처럼 조선과 통교하는 일본 가문은 오우치 이외에도 시부카와씨(澁川氏), 쇼오니씨(少貳氏), 시마즈씨(島津氏) 등 규슈 세력이 많았으며, 후쿠오카의 하카다(博多) 상인들도 조선에 따로 사람을 보내 교역을 했다. 즉 이들은 조선이 각각 통제, 관리하는 일본 세력들이라 하겠다.

하지만 조선과 남다른 관계를 지속하던 여러 일본 세력들은 3포에 대한 무역을 제한하던 중종 시대를 거치며 교류마저 약화되기 시작했다. 세종에서 성종까지의 전성기를 지나면서 국제 사회에 대한 인식이 점차 나태해진 조선은 이전처럼 일본 세력을 적극 관리할 필요성을 못 느끼게 된 것이다. 그결과 오직 대마도에만 의존하여 일본의 분위기를 파악하였다. 이는 기록에서도 증명된다. 조선 건국부터 성종 때까지 104년간 무려 56회나 일본에 사신을 파견한 반면, 연산군 이후 임진왜란 직전까지의 96년간은 겨우 4회 사신을 파견했으니 말이지.

그래서일까? 도요토미 히데요시가 일본을 통일하고 조선을 침략한다며 아예 대놓고 겁박을 줄 때는 황당한 일까지 벌어졌다. "일본이 전쟁이 가능하다, 또는 불가하다"며 구체적 정보는 단절된 채 서로의 주장만으로 대신들이 싸우고 있는 안타까운 모습이 등장했으니까. 여러 루트를 통한 구체적 정보를 바탕으로 일본의 분위기를 상세히 파악하던 조선의 전성기 때와 비교하면 참으로 어이없는 모습이라 하겠다.

만일 조선이 초기의 방침대로 무역을 통해 일본의 주요 다이묘와 대마도를 적극 관리하면서 다양한 교류와 정보 획득을 이어갔다면, 과연 임진왜란 같은 사건이 일어났을까? 아님 피할 수 있었을까? 역사에 가정은 없지만 궁금해진다. 조선 외교의 성공과 실패를 통해 알 수 있듯이 대한민국도 한 치의 긴장을 풀지 말고 외교에 진심을 다해야겠다. 여러 세력 간 적극적 외교는 한반도의 평화를 유지하기 위해 무척 중요한 일이거든. 뿐만 아니라 한국을 좋아하는 여러 국가의 친한파에 대한 적극적 지원도 국가의 미래를 위해 중요하게 볼 부분이라 여겨지는군.

해당 흐름을 쭉 살펴보며 생각해보니, 조선 찻그 릇의 일본 이동도 대마도와 오우치 가문과의 관계를 따라 읽어보면 큰 흐름을 이해할 수 있을지 모르 겠군. 마침 이도다완이 만들어진 시기는 15세기 말에서 16세기 중반으로 추정되니까.

　그런데 일본과 외교 관계가 서서히 무너지는 시 기 역시 16세기 초반부터였네? 일본과 교류가 약해지면서 당연히 도자기를 포함한 다양한 문물의 적극적 이동 역시 과거에 비해 훨씬 약해졌고, 그 결과 이도다완을 중시 여기는 센노 리큐 시기, 즉 16세기 후반에는 이미 분청사기 종류의 그릇은 일본에서 구하기 힘든 상황이 되어버린 듯하다. 그렇게 교류 가 단절된 상태에서 서로 간 정보가 부족하니, 도요토미 히데요시 역시 단순히 원생산지인 조선을 정 벌하면 조선 찻그릇을 많이 가져올 수 있다고 생각 한 것 아닐까? 실제로 임진왜란 시점에는 이미 조선 에서도 생산하지 않던 그릇이었건만.

　생각을 대충 정리했으니 이제 진주성에서 나가 야겠군. 내일 강연을 위해 진주에서 하루 자고 함양 으로 갈 예정.

8

분청사기의 미

야나기 무네요시

2013년 5월, 덕수궁 내 국립현대미술관을 향해 걸어가고 있다. 덕수궁, 한반도의 근대 역사에서 남다른 아픔을 경험한 궁궐이지. 그럼에도 불구하고 종로의 여러 궁궐 중 적당히 넓지 않은 면적에 서양식으로 만든 독특한 건물인, 석조전(石造殿, 1910년 완공)과 이왕가미술관(1938년 완공)이 있어 지금도 유명세가 여전하다. 이 중 이왕가미술관은 현재 국립현대미술관이 운영 중이며 콘셉트에 맞게 주로 근현대 미술 전시를 보여주고 있다. 날이 좋아서 그런지 몰라도 덕수궁 안에는 외국인 관람객이 참 많네.

오늘 방문 이유는 다름 아닌 야나기 무네요시 전

덕수궁 석조전. 1900년에 착공하여 1910년에 완공한 지층을 포함한 3층 석조 건물이다. 조선 말 유럽 궁전 건축 양식에 따라 만들어진 궁궐이었으나 일제 강점기 시절을 거치며 이왕가박물관으로 운영되었고, 지금은 근현대 미술을 주로 보여주는, 국립현대미술관 분관으로 활용 중이다.

시가 있다 해서 말이지. 야나기 무네요시(柳宗悅, 1889~1961년)는 아무래도 근현대 한국 미술철학에 가장 큰 영향력을 미친 인물이 아닐까 싶다. 《무량수전 배흘림기둥에 기대 서서》로 유명한 최순우(崔淳雨, 1916~1984년), 그리고 미술사학자 고유섭(高裕燮, 1905~1944년)도 영향을 받았고. 또, 음, 여하튼 한때 영향을 안 받은 한국 미술 전공자가 거의 없었을 정도라 하더군.

특히 그는 한·중·일 삼국의 미(美)에 대해 다음과 같이 정리했는데, "중국의 예술은 의지의 예술, 일본의 예술은 정취의 예술, 한국 예술은 비애의 예술"로 표현한 것이 유명하다. 이로 인해 그의 주장에 대한 객관화와 비판적 의견 제시를 할 겨를도 없이 한국 예술의 전반적인 미감을 비애와 한으로 축약하여 이해하는 풍토가 널리 퍼지고 말았다. 그리고 그런 관점은 2000년대에도 여전히 강하게 남아 있다. 다만 요즘 들어 이러한 관점이 서서히 약해지는 듯함. 아무래도 우리가 다시금 잘살게 되면서 과거의 패배주의적 사고에서 점차 탈피하며 일어나는 일이 아닐까.

전시를 쭉 구경해본다.

음, 도쿄제국대학교 철학과 출신의 엘리트 야나기 무네요시가 젊은 시절 유럽 문화에 관심을 가지면서 타문화를 해석하는 눈을 갖추는 과정, 그리고 그 과정에서 버나드 리치(Bernard Howell Leach, 1887~1979년)라는 영국 국적의 도예가를 만나 서로의 예술관을 교류하게 되고, 조선에서 아사카와 노리다카(淺川伯教, 1884~1964년), 아사카와 다쿠미(淺川巧, 1891~1931년) 형제를 만나면서 조선의 공예품에 관심을 가진 일, 동양 미술에 집중하며 중국, 한국, 일본의 공예품을 수집하는 모습, 특히 일본의 여러 지방과 함께 대만, 만주, 오키나와, 조선처럼 중심 문화에서 멀어진 곳이라 여긴 지역의 물건을 수집, 그리고 이렇게 수집한 소장품을 바탕으로 민예 운동을 펼치며 민예관을 설립한 것까지 전시되어 있군.

참고로 야나기 무네요시와 남다른 관계를 가진 버나드 리치는 한국 도자기의 미감을 무척 좋아했고, 1935년 달항아리를 구입해 영국으로 돌아가면서 "나는 행운을 안고 돌아간다"라 표현한 것으로 유명하지. 덕분에 한국의 달항아리 신화에 있어 중요하게 언급되는 인물 중 한 명이다. 현재 버나드 리치가 구입한 달 항아리는 런던의 대영박물관 한국 전시실에서 전시 중.

이처럼 전시는 한 인물의 일대기를 펼쳐놓음으로써 잘 모르는 사람이 방문해도 일생 동안 그가 말하고자 한 철학이 무엇이었는지 이해하기 쉬울 듯싶다. 하지만 반대로 그의 사상과 철학이 지닌 한계는 잘 표현하지 못한 것 같아 아쉽군. 그 한계는 다름 아닌 그의 관심 분야가 매우 한정된 부분에 집중되어 있었으며, 그럼에도 불구하고 그의 주장이 일반화되어 알려지면서 한국 문화 해석에 좋든 나쁘든 큰 영향을 남긴 부분이 그것이다.

이와 관련하여 갑자기 그의 사상을 잘 드러내던 글이 생각나는걸. 《다도와 일본의 미》라는 책에서 "대명물(大名物)을 보고"라는 부분이 있거든. 참고로 대명물은 센노 리큐 시대 이전부터 명품으로 인정받던 찻그릇을 의미한다.

해당 내용을 짧게 요약해보면 다음과 같다. 1947년, 그는 일본다도협회의 주최로 찻그릇 7개를 보는 모임에 참석한다. 여기에는 중국 차 용기가 3개, 일본 용기가 1개, 찻잔으로는 일본 것이 1개, 중국의 유적천목(油滴天目)이 1개, 조선의 이도다완 명 호소카와(井戶茶碗銘細川) 1개가 출품되었다.

출품된 다기를 하나하나 살펴보면서 그는 중국의 유적천목과 조선의 이도다완 모두 잡기로서 민중의 질그릇이라 주장하며, 거칠고 자연스러운 제작 방식으로 태어난 산물이라 평한다. 그리고 천한 민기(民器)에서 비범한 아름다움을 간파한 것이야말로 초기 다인들의 역량이라 칭찬하였다. 마지막에서는 당시 자신이 골라낸 민예품 역시 신(新) 대명물이라 떠받들어도 무관하다고 생각한다며 이야기를 마무리한다. 이 부분에 이르면 본인 역시 옛 일본 다인들처럼 천한 것에서 비범한 아름다움을 간파한 인물이라는 자부심이 느껴진다.

하지만 이 글에서도 그의 관점이 지닌 한계가 분명히 드러난다. 바로 민예품, 즉 민중이 일반적으로 사용한 물건에 집중하여 그 안의 미(美)를 해석하는 것은 분명 위대한 사고방식의 전환이라 할 수 있겠으나, 분명한 것은 이는 민예품을 보는 관점에서의 해석이라는 것. 결코 당대 귀족이나 엘리트층이 보고 즐기던 예술품에 대한 해석은 아니었다.

그럼에도 불구하고 그는 자신이 구축한 세계관을 더 넓혀서 근대화를 이룩한 일본 또는 도쿄 등에 비해 문화의 중심부에서 떨어져 있다고 여기는 여러 지역의 문화까지 민예품을 보는 관점으로 바라보고 해석하는 오류와 과장이 이어졌다. 이는 그가 설사 의도하지 않았더라도 일본어로 소위 "見下す(내려다보다, 얕보다, 멸시하다)", 마치 위에서 아래를 보며 해석하는 모습처럼 느껴지기도 한다. 그의 관점에 대해 제국주의적 시각이라는 비판이 있는 것도 개인적으로는 이런 각도로 해석을 했기 때문이 아닐까 싶다.

문제는 그가 나름 조선의 미에 우호적으로 말한 것에 대해 식민지 조선에서 더욱 큰 반응을 보였다는 점이다. 도쿄대학 출신의 일본 엘리트가 한국의 미를 인정해주었다며, 조선인들은 뜨거운 관심을 가졌고 덕분에 그의 예술 관점을 한국 전체의 미감으로 옮겨 이해하는 오류를 사회적으로 한 번 더 범하고 만다. 그 결과 독립한 지 오래된 지금까지도 한국의 미는 한(恨)의 예술이라는 고정 관념이 이어질 정도로 거대한 상처로 이어진 것이다.

조선 전기의 차 문화

자. 이쯤 되어 진지하게 생각해볼 내용이 있다. 일본에서 큰 인기를 누린 이도다완을 포함한 분청사기 찻그릇들은 조선에서 과연 어떤 용도로 사용한 것일까?

앞서 본 야나기 무네요시의 주장에 따르면 중국의 유적천목과 조선의 이도다완 모두 한때 민중의 질그릇에 불과했다. 하지만 천한 민기(民器) 속에서 비범한 아름다움을 간파한 것은 일본의 다인들 역량이었다고 주장하지. 이는 곧 중국과 한반도에서는 일반 그릇에 불과했으나 일본의 미적 감각 덕분에 남다른 가치관을 지닌 귀한 고급 찻그릇으로 재탄생되었다는 의미. 물건의 숨어 있던 가치를 중국,

한반도에서는 전혀 모르고 있었으나, 일본이 이를 발견했다는 이야기로도 해석된다.

이와 같은 그의 주장이 보편화되면서 이도다완은 본래 조선에서 사용하던 막그릇, 또는 막사발이라는 이야기가 근대 이후 널리 알려졌다. 지금도 막사발, 막그릇 등으로 이도다완을 표현하는 경우를 쉽게 볼 수 있는 것으로 이를 알 수 있다.

하지만 유적천목과 이도다완이 실제로도 중국과 한반도에서 찻그릇으로 사용된 도자기였다면 해당 주장에 큰 모순이 생긴다. 본래 찻그릇으로 사용하던 것을 받아들여 일본에서도 찻그릇으로 사용했다고 볼 수 있으니까. 그렇다면 일본이 무역으로 얻은 소수의 찻그릇에 더욱 특별한 가치를 부여한 것으로 해석할 수 있겠군.

그럼 하나씩 살펴보자.

우선 유적천목은 건요(建窯)의 일종으로 송나라 시대부터 인기리에 구워진 그릇이다. 중국에서 말차(抹茶)가 크게 유행하자 그에 맞는 찻그릇으로 제작된 것이거든. 이후 일본에도 수입되어 말차 전용 찻그릇으로 인기리에 사용되었지. 참고로 말차 전용 찻그릇은 가루를 안에 넣은 후 뜨거운 물을 붓고 차선(茶筅)이라 부르는 기구를 통해 골고루 섞는 과정이 중요하다. 이를 위해 찻그릇 안을 차선이 충분히 활동할 수 있을 만큼 깊숙하게 만든다. 이것이 바로 말차 전용 그릇의 특징이거든. 이에 말차 찻그릇은 보통 큰 그릇을 의미하는 완(碗)이라 부르지.

주목할 점은 북송의 휘종 황제가 "대관다론(大觀茶論)"에서 "건요의 색은 청흑색이 귀하고, 토끼털과 같은 줄이 있는 것이 가장 상급이다."라 표현했다는 것. 이처럼 민간뿐만 아니라 북송 황실에서도 건요는 명성이 남다른 찻그릇이었네? 야나기 무네요시의 주장에서 건요 중 하나인 유적천목이 민중의 질그릇이었으나 일본 다인에 의해 찻그릇으로 사용되었다는 부분은 큰 모순이 생기고 말았군.

그렇다면 이도다완은 어떠했을까? 안타깝게도 이도다완을 포함하는 조선 찻그릇에 대한 한반도 기록은 중국이 자신들의 도자기인 건요에 대해 남긴 것에 비하여 매우 부실하다. 이에 과감한 해석과 상상력을 넣어 당시 분위기를 한 번 그려보려 한다. 그런 만큼 지금부터 하는 이야기는 내 개인적인 의견이 많이 들어간 스토리임을 감안하자.

자. 그럼 조선 찻그릇을 이해하기 위하여 조선 전기 차 문화부터 살펴보기로 할까?

경연 중 차를 전매하는 법(榷茶法)에 이르러 임금이 말하기를,

건요. 국립중앙박물관.

"중국에서는 어찌하여 차를 그렇게 좋아하는데, 단속을 그리 엄하게 하는가. 우리나라에서는 대궐 안에서도 차를 쓰지 아니하니, 좋아하는 것이 이처럼 다르다."고 하였다.

그러자 시강관 김빈이 아뢰기를, "중국 사람은 모두 기름진 고기를 먹으므로, 차를 마셔서 기름기가 빠져 내려가게 하려는 것이며, 또한 보통 때에 손님을 접대할 때에도 반드시 차를 먼저 내고 나중에 술을 들여옵니다."라 하였다.

《조선왕조실록》 세종 12년(1430) 12월 8일

위 기록에 따르면 조선 시대에는 차 마시는 문화가 정말 인기 없는 분위기다. 오죽하면 중국에 비해 조선은 궁궐조차 차를 마시지 않는다며 세종이 언급했을 정도.

하지만 《조선왕조실록》 기록을 찾아보면 조선 시대 통틀어 유독 다례(茶禮)라는 제도가 많이 등장하니, 500년 역사를 합치면 무려 2000회 이상에 이를 정도였다. 예를 들면 중국 사신을 맞이할 때, 궁중 연회를 할 때, 제사를 지낼 때마다 중요 절차로서 다례를 했으니까. 이러한 다례 제도는 세종 시대에도 마찬가지로 여러 번 이루어졌다. 문제는 다례는 차를 마시는 의식을 뜻하니, 이는 곧 차를 마셨다는

백자상감연꽃넝쿨무늬대접. 국보 175호. 조선 15세기. 국립중앙박물관.
15세기 초중반에 만들어진 백자로 고려 시대부터 이어져 오던 상감기
법을 활용하여 장식했다. 조선 시대 상감백자 중 가장 뛰어난 예술품
으로 손꼽히는 작품. 조선 시대가 시작된 시점에는 이런 그릇에다 차
를 마시지 않았을까? ©Park Jongmoo

의미가 아닌가? 기록에 모순이 생기는 상황이다.

이러한 모순된 상황을 이해하기 위해 하나 알아 둘 것이 있다.

앞서 세종이 이야기한 차는 녹차 마시는 풍습을 의미한다. 동시대 명나라는 녹차를 마실 때 찻잎을 가루로 만든 후 뜨거운 물을 부어 차선으로 골고루 섞어 마시던 말차 문화에서 벗어나 찻잎 자체에 뜨거운 물을 넣은 후 우려낸 차를 마시는 간단한 방식으로 바뀌고 있었다. 녹차를 마시는 방식에 큰 변화가 생겼음을 알 수 있다.

그러자 명나라에서는 말차에 사용되던 찻그릇 생산마저 점차 줄어들고 있었지. 예를 들면 말차를 마시기 위한 찻그릇인 건요는 14세기를 거치며 인기가 크게 떨어지더니 결국 제작마저 멈추게 되거든. 차 문화의 변화에 따라 찻그릇 역시 큰 변화가 생긴 것. 대신 찻잎에 뜨거운 물을 넣어 우려낸 차를 단순히 따라 마시게 되면서 찻그릇의 크기는 이전에 비해 훨씬 작아졌다. 당연히 명나라에서는 이러한 작은 찻그릇이 인기리에 생산되기 시작했지. 이를 보통 작은 그릇을 의미하는 잔(盞)이라 부른다.

한편 동시대 조선에서는 명나라 영향으로 말차 마시는 문화가 약해진 대신 인삼차, 오미자차, 상지차, 사미차 등이 조선 전기의 다례에 등장하고 있었

백자두귀달린잔. 조선 15세기. 국립중앙박물관. 차 문화가 중국의 영향으로 변하면서 조선 역시 점차 작은 잔이 많이 생산되었다. 이런 형식의 잔은 명나라 사신에게도 선물로 전달되었다.

다. 그렇다. 이는 곧 말차를 대신하여 다양한 재료의 차로 변화가 생긴 것. 나뭇가지, 인삼, 귤껍질, 생강, 꿀 등을 차로 우려내어 마시는 문화가 다름 아닌 조선의 새로운 차 문화였다. 이외에 작설차라 불리는 한반도에서 생산되던 녹차 역시 다례에서 사용하기도 했다. 그러자 왕실에서는 작설차를 명나라처럼 찻잎을 우려 마시는 방식으로 사용하면서 때때로 명나라 사신에게 찻잔을 선물로 주었다.

> "윤봉과 장정안에게도 각각 세마포 25필, 석등잔 3벌, 채화석 6장, 다종 20개를 회례의 물품으로 주고"
>
> 《조선왕조실록》 세종 13년(1431) 12월 11일

명나라 사신인 윤봉 등에게 준 선물 중 다종 20개가 있으니, 여기서 다종(茶鍾)이란 다름 아닌 찻잔을 의미하거든. 명나라 사신들에게 명나라 차 문화에 맞는 선물을 주었던 것.

결국 앞서 본 기록은 세종 본인이 차를 그다지 좋아하지 않다보니 궁궐에서 녹차 마시는 분위기가 없던 것일 뿐, 실제로는 명나라 영향에 따른 변화된 차 문화가 만들어지고 있었다. 그 결과 세조, 성종 시대에는 조선에 중국차가 적극 유입되었고, 반대

로 조선의 녹차인 작설차 역시 중국에서 큰 인기를 얻게 되니까. 한편 궁중에서도 쓰이던 작설차는 1454년에 완성된 《세종실록지리지》에 따르면 전라도의 전주, 나주, 남원, 장흥, 보성, 고창, 그리고 경상도의 경주, 울산, 진주, 함양, 진해 등에서 생산되었다. 전라도와 경상도에서 주로 차가 재배되었던 것.

이처럼 다양한 종류의 차를 백자와 고급 분청사기를 사용해 마신 왕실과 비교하여 일반 조선 사람들은 과연 어떤 그릇에 마셨을까? 조선 전기에는 앞서 보았듯 분청사기가 생산되었으니, 주로 분청사기가 사용되었겠지. 결국 박물관에 전시 중인 수많은 분청사기 중 일부는 작설차, 오미자차, 인삼차 등의 차를 마시는 용도로 제작되었음을 의미한다.

그렇다면 왕실부터 차 문화가 명나라 형식으로 바뀌면서 가루차를 마시는 말차 문화는 조선에서 완전히 사라졌던 것일까? 기록을 찾다보면 조선 전기에 문인들이 쓴 시 중에서 차와 관련된 내용이 생각 외로 많이 전해지고 있지만, 안타깝게도 차 종류가 구체적으로 묘사된 경우가 거의 없어 어떤 방식으로 어떤 종류의 차를 마신 것인지 정확히 알 수는 없다. 즉 시에 등장하는 차가 찻잎을 우려 마시는 작설차인지, 가루로 만든 말차인지 알 수 없다는 뜻. 그러나 말차가 등장하는 시도 드물게 존재하니.

智異山僧送新茶
(지리산 승려가 보낸 새로운 차)

晉池風味臘前春
(진주 연못가의 풍미를 봄도 아닌 섣달에 맛보니)
智異山邊草樹新
(지리산 자락의 초목의 향기가 새롭게 느껴지네)
金屑玉糜煎更好
(금옥 같은 가루를 달이니 더욱 좋고)
色淸香絶味尤珍
(색 맑아 향기 좋고 맛은 더 좋다네)

이는 조선 전기에 활동한 하연(河演, 1376~1453년)이 쓴 시로, 그는 명재상이었던 황희가 은퇴하자 차기 영의정에 올랐던 인물이다. 또한 녹차로 유명한 지리산과 가까운 진주 출신이었던 만큼 오래 전부터 차에 익숙하며 관심 역시 남달랐던 모양. 덕분에 차 관련한 시도 많이 남길 정도였다.

그러던 어느 날 하연은 지리산의 아는 승려로부터 녹차를 선물받고 기분이 좋아 위의 시를 짓는데, 시를 읽어보니 내용 중 "금옥 같은 가루"가 등장하는걸? 정답. 이는 가루로 만든 차를 마시던 말차의 모습을 묘사한 것이다. 이로써 고려 시대에 비해 약화되었을 뿐 조선 시대에도 말차 풍습이 분명 존재했음을 알 수 있다. 그렇다면 15세기 중반 인물인 하연 역시 분청사기로 된 말차 전용 찻그릇을 당연히 가지고 있지 않았을까? 앞서 설명했듯 말차는 가루를 잘 풀어 마실 수 있도록 디자인된 전용 찻그릇이 필요하니까.

한편 시간이 더 지나 김장생(金長生, 1548~1631년)이 1599년 엮은 《가례집람(家禮輯覽)》에는 다음과 같은 내용이 등장한다.

> 옛날 사람들은 차를 마실 때 가루로 만들어서 타마셨는데, 오늘날은 찻잎을 달여서 마신다. 제사 때가루차를 내는 것은 옛 풍습을 보전하고자 함이다.

이 내용에 따르면 16세기 후반 시점에는 조선에서 가루차 마시는 문화가 제사 때 조상들을 위한 차 대접에서나 보이는 문화가 되었음을 알 수 있다. 어느덧 왕실부터 민간까지 찻잎으로 차를 마시는 문화로 완전히 전환된 것. 이에 따라 16세기 후반이 될수록 왕실뿐만 아니라 민간에서 사용하던 조선의 찻그릇 디자인에도 큰 변화가 생겼겠지. 말차를 위한 디자인이었던 중국의 건요가 15세기를 기점으로 점차 사라졌듯, 조선도 마찬가지 모습이 나타나지 않았을까?

그러나 일본에서는 15세기를 거치며 말차 마시는 문화가 무사 계급 전반이 즐기는 문화로 오히려 크게 확장되고 있었다. 말차가 점차 사라지던 중국·한반도와 전혀 다른 분위기였던 것. 문제는 그동안 수입이 가능하던 말차 전용 찻그릇인 건요가 15세기를 기점으로 중국에서 점차 사라지고 있었다는 점. 이에 따라 일본 내에 남은 건요 찻잔의 가격이 급등하며 어마어마하게 높은 평가를 받게 되었고, 시장 수요가 남다른 만큼 아에 일본에서 직접 건요를 제작하기도 하였다. 하지만 이 정도로는 결코 폭발하는 수요를 맞출 수 없었지. 말차를 마시는 인구는 갈수록 늘어나는데, 맞춤 찻그릇은 부족하니 큰일이었다.

그러다 어느 순간부터 일본은 건요처럼 말차 마시기에 좋은 형태를 가진 이도다완 형태의 조선 찻그릇을 마주하게 된다. 아직 말차 문화가 남아 있던 한반도에서 사용하는 찻그릇인 만큼 사용하기에 좋았거든. 그래서 이를 16세기 전후부터 열정적으로 구한 것이 아닐까 싶군. 또한 당시 일본이 조선에서 구하여 찻그릇으로 사용한 도자기 대부분이 경상도

15세기 말 일본에서 제작한 건요 찻그릇. 도쿄국립박물관.

와 전라도 생산품이었는데, 마침 한반도 내 차 생산지 역시 경상도·전라도에 집중되어 있었지. 이 역시 연결점이 있지 않을까 싶다. 아무래도 주요 차 생산지였기에 차 마시는 방식도 다양했을 것이고 이에 따라 찻그릇 역시 다양한 종류가 제작되었을 테니까. 실제로 16세기 경상도·전라도 지방요 유적지에서는 찻그릇으로 보이는 그릇이 많이 출토되기도 했거든.

여기까지 부족한 기록과 고고학적 결과를 바탕으로 조금은 과감하게 당시 분위기를 해석해보았다. 결국 이도다완 역시 그 형태나 디자인을 볼 때 이미 조선에서 말차를 마시던 용도로 사용한 그릇일 확률이 높다고 여겨진다. 조선 전기에도 말차 마시는 문화가 여전히 존재했으며 말차를 마시기 위해서는 특별한 그릇 디자인이 요구되었기 때문. 그래서인지 몰라도 실제로 건요와 이도다완을 비교해보면 그릇의 크기와 전체적인 비율 및 내부 깊이 등이 무척 유사함을 알 수 있다. 이 역시 두 그릇 모두 말차를 마시기 위한 디자인으로 제작된 결과가 아닐까 싶군.

하지만 어렵게 대체제로 구한 이도다완조차 16세기 중반을 넘으며 조선 내 말차 인기의 하락과 함께 생산이 줄어들게 되니, 일본 내에서는 이도다완 가격마저 이전의 건요처럼 폭등하고 말았다. 그렇게 16세기 후반이 되자 일본에서는 앞서 건요가 그러했듯 이미 숫자가 줄어 귀해져버린 이도다완에 여러 전설적 포장을 더하여 더욱 귀하고 귀한 그릇으로 만들어버린 것. 오죽하면 쓸 만한 그릇이 부족하다보니 찻그릇으로 쓰기에 그다지 좋지 않은 모양을 지닌 조선 도자기까지 차를 마시기 위해 사용할 정도였다. 이런 분위기가 심해질수록 이도다완에 대한 신화는 더욱 높아졌겠지.

하지만 근대를 거치며 아시아에서 유일하게 근대화에 성공했던 일본은 사료가 부족한 시절의 과거를 자신들의 기준에 따라 자유롭게 재해석하게 된다. 그 결과 야나기 무네요시의 의견처럼 본래 서민이 쓰던 일반 그릇인 건요, 이도다완이 일본에서 비로소 인정받아 찻그릇이 되었다는 해석을 선보인 것이다. 일본이 인정하여 비로소 그릇의 가치를 알게 되었다는 인식이 바로 그것. 이는 곧 근대 시절 자원과 인력을 제대로 활용 못하던 아시아 여러 국가들이 일본의 도움을 받아 비로소 성장했다는 생각과도 연결되는 철학이었다. 문제는 내가 조금 전 선보인 스토리텔링과 비교해서도 역사적 근거가 훨씬 부족한 개인의 느낌과 감각에 기반을 둔 철학이었다는 점.

어쨌든 개인적인 결론은 이러하며 국내 학자들이 고고학 자료를 더 열심히 조사하고 연구해서 이 도다완이 실제로 어떤 용도로 사용된 것인지 반드시 알아내면 좋겠다. 혹시 조선 전기 문인들의 기록 중 아직 해석되지 않은 내용 중에 조선 찻그릇에 대한 비밀이 숨어 있을지 모르니, 앞으로의 해석 작업이 참으로 중요한 열쇠일지도. 그런 만큼 가까운 미래에 고고학 출토품뿐만 아니라 문서로 된 증거물이 등장하기를 바란다.

신숙주의 《해동제국기》

전시를 다 보고 나왔다. 그렇게 덕수궁을 구경하며 출구로 나가고 있는데, 가만 생각해보니 500년의 조선 역사에서 현실 감각도 남다른 데다 생애에 무 유형적으로 남다른 결과물까지 만들어낸 문인은 누가 있었을까? 갑자기 궁금해지네.

조선을 개국하는 데 가장 큰 공을 세운 정도전?

조선 세종 시대 무려 18년 동안 영의정을 역임하여 조선 시대 최장수 영의정을 기록한 황희?

과거 시험에 합격한 문인 출신이었으나 북방 6진을 개척하는 데 큰 공을 세우고, 더 나아가 《고려사》까지 편찬한 김종서?

과거 시험에서 9번 장원 급제한 데다 당대 성리

학을 정리하고 병조 판서까지 역임한 율곡 이이?

유교 철학을 정리하여 당대 성리학을 집대성하고, 일본·중국에까지 알려진 대학자 이황?

임진왜란의 위기를 이겨내고 이후 《징비록》을 남긴 유성룡?

《목민심서》, 《경제유표》 등 500여 권의 책을 저술한 정약용?

또 음, 여하튼 조선이 500년이란 긴 세월 동안 존재한 만큼, 당연히 수많은 인재가 나왔을 테다. 한편 위에 언급된 인물들 못지않게 신숙주(申淑舟, 1417~1475년) 역시 남다른 인재가 아닐까 싶다.

신숙주는 22살에 과거 시험을 3등으로 합격한 수재이며, 중국어, 일본어, 여진어, 몽골어, 위구르어 등 다양한 언어를 할 줄 알았다. 뿐만 아니라 한글 창제에 직간접적으로 참여한 데다 군사적 업적도 지닌 용맹성을 갖춘 인물이지.

어느 해 여진족이 북방 6진을 침범한 일이 있었다. 이에 1460년과 1461년 두 차례에 걸쳐 조선은 8000명의 병력을 이곳에 투입하게 된다. 그 결과 제2차 전투에서 여진족 추장 90명을 죽이고, 일반 여진족 430명을 죽이거나 잡았으며, 900여 채의 여진족 집을 불태우고 돌아온다. 그러자 다시금 여진족은 힘에 굴복하여 조선에 복속을 맹세하였다. 이를

신숙주 영정. 현재는 단종에 대한 충성을 보이다 죽음을 맞이한 사육
신과 비교되어 실력에 비해 저평가를 받은 인물이나, 생전 그의 능력
은 문무 할 것 없이 대단하였으며, 조선 초기를 대표하는 정치가이기
도 하다.

'경진북정(庚辰北征)'이라 하는데, 이때 8000명의
병력을 지휘하여 과감한 군사 작전을 펼친 인물이
다름 아닌 신숙주다.

　일화에 따르면 당시 전투 중 한때 여진족이 야습
을 했음에도, 신숙주는 여유롭게 누워서 시를 읊었
다고 한다.

> 虜中霜落塞垣寒
> (오랑캐 땅에 서리 내려 변방이 차가운데)
> 鐵騎縱橫百里間
> (철기가 백리 사이를 마음대로 달리는구나.)
> 夜戰未休天欲曉
> (밤 싸움 그치지 않았는데 날 밝으려 하고)
> 臥看星斗正闌干
> (누워 보니 하늘에는 북두성이 반짝이는구나.)

　이렇듯 패기마저 보통이 아니었던 것. 또한 전투
를 성공적으로 마무리한 뒤에는 당시 경험을 바탕
으로 《북정록(北征錄, 1468년)》이라는 책을 써서 북
방 현황과 여진족에 대한 정보를 남겼다.

　당시 조선은 북으로는 여진, 남으로는 일본이 골
칫거리였다. 그래서 일본을 적극적으로 관리한 것
이상으로 여진족을 적극 관리하고자 했거든. 이를

북관유적도첩(北關遺蹟圖帖) 중 야전부시도(夜戰賦詩圖). 고려대박물관. 신숙주의 여진족 토벌 일화가 담겨 있다.

위해 여진족 중 뛰어난 인물은 귀화를 장려했고, 우호적인 부락은 6진 주변으로 이주해 살 수 있게 도와주었으며, 무역 이익까지 보장하였다. 하지만 여진이 조선을 공격한다면 가차 없이 대응하였으니, 신숙주가 병력을 이끌고 작전을 편 것처럼 꾸준히 병력을 동원하여 여진족을 진압했다.

이에 1455년 단종 시대만 하더라도 조선의 번호가 된 여진 부락 수가 53개에 불과했으나, 선조 시대인 1588년에는 번호가 된 부락이 무려 289개에 이르렀다. 호수 역시 1455년은 800호였으나 꾸준히 늘어 1588년에는 8523호에 이르렀다. 즉 북방에서 조선에 복속하며 살아간 여진족이 최소 4만 명, 최대 10만 명 수준이었다는 의미. 참고로 여진족이 청나라를 세워 명을 몰락시킬 때 인구가 100만에 불과했다고 한다. 이를 미루어볼 때 만만치 않은 여진 세력을 한때 조선이 포섭하고 있었음을 알 수 있다.

이처럼 국력이 바탕이 되었기에 조선은 나름 자신들을 큰 나라라 자부하며 주변에 비해 문화적으로도 우수하다 여겼던 것이다. 그런데 여진에 대한 기록을 남긴 신숙주가 일본에 대해서도 기록을 남긴 것이 있었다는 사실. 7개월간 일본에 갔다 온 경험을 바탕으로 1471년에 정리한 《해동제국기(海東諸國記)》가 바로 그것이다.

1443년, 27살의 나이로 통신사 일행과 함께 일본에 온 신숙주는 당시 일본의 수도인 교토까지 갔다오면서, 대마도에서 조일 간 무역에 대한 약조를 맺는 데도 참여한다. 그리고 그때 경험했던 내용을 바탕으로 성종 때 추가적인 일본 정보를 더 모아 책을 만들었다. 이 안에는 일본 본토 및 규슈, 대마도, 오키나와까지 들어갔으며, 지도 및 요해지 그리고 제도와 문화 풍속, 각 영주들의 병력 규모와 세력의 강약 정도, 조선에 필요한 자원 보유 정도, 더 나아가 우리 측의 사신 접대 형식 등등 상세한 내용을 담았다.

이때 신숙주는 《해동제국기》 서문에서 일본을 '이적(夷狄)'이라 표현한다. 그리고 일본의 조선 방문자에 대해 내조(來朝)라고 표현하여 화이관적 인식을 그대로 드러냈다. 즉 조선이 중심이고 일본은 오랑캐이자 달래며 관리해야 하는 종족으로 본 것이다. 또한 "조선은 그들이 오면 어루만져주고 급료를 넉넉히 주어서 예우를 후하게 해왔는데도, 저들은 관습적으로 예사롭게 여기며 참과 거짓으로 속이기도 하고 곳곳마다 오래 머무르면서 기한을 경과한다. 거짓말하기를 온갖 방법을 다 쓰며 욕심이 한정이 없고, 조금이라도 의사에 거슬리면 험한 말을 한다."라 하여 일본에 대해 낮춰보는 듯한 표현도 일부 보여준다.

하지만 일본에 대한 정보, 문화를 기록할 때에는 정확한 인식을 통한 객관적 사실을 바탕으로 한 기술에 집중하였다.

나라의 풍속을 보면 천황의 아들은 그 친족과 혼인하고, 국왕(쇼군)의 아들은 여러 대신과 혼인한다. … 무기는 창과 칼 쓰기를 좋아한다. … 음식할 때는 칠기를 사용하며, 높은 어른에게는 토기를 사용한다. … 젓가락만 있고 숟가락은 없다.

남자는 머리털을 짤막하게 자르고 묶으며, 사람마다 단검(短劍)을 차고 다닌다. 부인은 눈썹을 뽑고 이마에 눈썹을 그렸으며, 등에 머리털을 드리워 그 길이가 땅까지 닿았다.

남녀가 얼굴을 꾸미는 자는 모두 그 이빨을 검게 물들였다. … 집들은 나무 판자로 지붕을 덮었는데, 다만 천황과 국왕이 사는 곳과 사원에는 기와를 사용했다. 사람마다 차 마시기를 좋아하므로, 길가에 다점(茶店)을 두어 차를 팔게 되니, 길 가는 사람이 돈을 내고 차 한 주발을 마신다.

남녀를 논할 것 없이 모두 그 나라 문자를 익히며, 오직 승려만이 경서를 읽고 한자를 안다. 남녀의 의복은 모두 아롱진 무늬로 물들이며, 푸른 바탕에 흰 무늬로 한다. 남자의 상의는 무릎까지 내려

오고 하의는 길어서 땅에 끌린다.

등의 기록이 그것이다. 무엇보다 신숙주는 천황을 정확하게 천황이라 표현하고, 아예 천황의 연호(年號)까지 기록하였으며, 일본의 풍속에 대해서도 담담히 설명했을 뿐 편견을 지닌 표현은 가능한 넣지 않았다. 그들이 말하고 행동하는 것을 가능한 그대로 묘사하고자 했음을 의미한다. 이렇게 철저하게 자료를 모아 일본이라는 나라를 객관적으로 파악하고 조선에 필요한 냉정한 정책을 수립해나갔던 것이다.

그런데 왜 갑자기 신숙주 이야기를 한 거지? 아맞다. 야나기 무네요시 전시를 보다보니 신숙주가 생각났거든. 야나기 무네요시는 도쿄대 출신의 엘리트였고, 당시 일본은 근대에 가장 빠르게 성공한 아시아 국가로서 주변 국가보다 자신들을 경제적, 문화적으로 위라고 여겼다. 덕분에 편견을 기본적으로 가질 수밖에 없었던 야나기 무네요시는 분명 한국의 미(美)를 좋아하고 더 나아가 사랑하기도 했으나, 결국은 높은 위치에 서서 자신의 관점에서 보는 제한된 내용으로 한국의 미를 묘사했을 뿐이었다. 뿐만 아니라 역사적 사실에 대해서는 무지한 상태에서 개인적인 미적 감각으로 유물을 자의적으로 해석하는 모습이 자주 보인다. 이는 객관성을 중요하게 여기는 학자의 태도로는 심각한 문제가 아닐까 싶군.

반면 신숙주는 조선이 우수한 나라라 여기고 있었으며, 당연히 그 자부심만큼 주변 종족에 대한 편견도 있었으나, 일본의 풍토, 문화를 설명할 때는 담담하게 있는 그대로의 모습을 기록했을 뿐이다. 거기다 신숙주는 그 어렵고 어렵다는 과거 시험을 통과한 인재이니 도쿄제국대학교 철학과 출신보다 엘리트라 할 수 있겠고, 영의정까지 올랐기에 생전 명성과 영향력 또한 야나기 무네요시보다 훨씬 위였던 인물이었다. 여기다 그가 쓴 《해동제국기》는 일본으로 전해져 한때 일본에서도 많은 지식인이 읽는 책이 되기도 했지.

뭐, 물론, 두 사람이 한 명은 철학자, 한 명은 정치 관료니까 보고 기록하는 기준이 분명 달랐겠지만…. 여하튼 나는 야나기 무네요시 전시를 보면서 뜬금없이 신숙주가 생각났고, 타문화를 평가하고 설명할 때 어떤 감각과 생각을 지니고 이야기하면 좋을지 고민해보게 된다. 전시를 보고 이런 저런 생각을 하느라 시간을 지체했으니 이제 지하철을 타고 집으로 가야겠군. 여기서 안양에 있는 집까지 가려면…, 약 1시간 10분 정도 걸리겠구나.

9
왜 분청사기인가

다시 만난 분청사기 제기

2016년 가을, 국립중앙박물관에 왔다. 나는 국립중앙박물관이 용산으로 이전한 후 이곳에서 개최한 특별전을 단 하나도 빠짐없이 다 보았다는 남다른 자부심을 가지고 있다. 아마 방문한 횟수로 친다면? 음. 2005년부터 한 달에 2~3번씩이니까. 최소 300회는 방문했을까?

여하튼 이렇게 다니게 되니, 박물관이 마치 내 집처럼 편해졌고, 어느 날 《박물관 보는 법》이라는 책까지 쓰게 된다. 2015년 출판된 책이지. 그런 만큼 박물관 직원이 아닌 관람객 중에서는 내가 국립중앙박물관 방문 순위 3% 안에는 들지 않을까 하고 생각해본다. 1%에 들도록 더 노력해야지~

국립중앙박물관 전경.

그럼 오늘은 왜 왔냐면 "흙으로 빚은 조선의 제기"라는 전시가 있어서 이를 보러 왔다.

호림박물관에서 만난 분청사기 제기부터 관심을 갖기 시작해서 분청사기를 찾아다니며 여러 박물관을 돌다가 다시 제기로 돌아오니 기분이 남다르군. 역시나 이곳에는 예전 호림박물관에서 만난 물건들도 보이네. 이번 전시를 위해 빌려왔나보다. 어쩌다보니 호림의 분청사기 제기를 기회가 있을 때마다 종종 만나는데, 볼 때마다 참으로 멋진 도자다. 다만 2010년도 호림박물관에서 처음 만났을 때처럼 단순히 추상적 표현, 현대적 감각 등만 운운한다면 7년 가까이 시간이 지났음에도 성장을 안 한 것처럼 보일지도 모르겠군. 그동안 분청사기를 쭉 보며 눈을 키웠으니 약간은 깊이 있는 생각을 해보자.

제기는 당시 조선의 유교 문화에서 가장 중요시하는 물건 중 하나였다. 제사 때 쓰는 물건이었으니까. 그러므로 당대 철학과 가치를 가장 많이 담고 있는 도자기 중 하나가 아닐까 싶군. 이에 해당 그릇의 의미를 다시금 해석해보자.

1392년 개국한 조선은 고려의 마지막 모습을 매우 선명하게 기억하고 있었다. 원나라의 몽골인들과 한몸처럼 기생하던 고려 귀족들은 나라의 부(富)를 대부분 독식하였다. 한반도의 이익보다 몽골의 이익을 더 중요시 여기던 시대라 하겠다. 이에 귀족들은 원나라와 연결하며 온갖 화려한 사치를 즐겼고, 사찰에도 경쟁적으로 어마어마한 공양을 올렸지. 그 결과 나라가 크게 약해지니, 그 틈을 노리고 한반도에는 외적 침입이 끊임없이 이어졌다. 상황이 이러하니 수많은 백성들은 생존에 급급하여 살던 터전을 버리고 유랑하게 된다.

이에 조선은 개국 후 왕실부터 검약을 강조했으며, 고려 시대와 달리 가능한 담담하고 화려하지 않은 예술관을 유지하고자 노력했다. 그래서 유교 문화에서 중요한 가치를 부여하는 제기 그릇 역시 분청사기로 한 땀 한 땀 정성스럽게 만들었으나 튀거

위 | 분청사기 보, 15세기, 국립중앙박물관. 아래 | 분청사기 궤, 15세
기, 국립중앙박물관. 이제 다시 처음으로 돌아와서 분청사기 제기를
살펴보자. 당시 어떤 철학을 지닌 채 탄생되었는지를 확인하는 순간,
그 그릇이 가지고 있는 깊이를 제대로 이해할 수 있다. 결국 외적 디자
인을 넘어 남다른 철학을 갖추고 제작되었기에 분청사기는 조선뿐만
아니라 일본까지 유명세를 얻었던 것이다. 이것이 문화가 지닌 매력이
라 하겠다. ©Park Jongmoo

나 화려하지 않은 감각을 유지했던 것이다.

반면 제사의 절차만큼은 엄격히 하며 중시하였다.

1. 신이 즐기는 절차

신께 음식을 차례로 올린 후 술을 세 번 올림→ 추가 제물 올림→ 문을 닫고 불을 꺼 내부를 어둡게 함→ 다시 한 번 들어가 차나 숭늉 올림.

2. 신이 베푸는 절차

제사의 술을 음복하여 복을 받는다.

3. 신을 보내는 절차

떠나는 신에게 두 번 절함→ 지방과 축문을 불사름→ 신주를 다시 사당으로 모심→ 제사 참여자들은 제사 음식 나누어 먹음.

이런 제사 과정을 가족이 함께하며 고려 말 전란으로 전국토가 파괴당하면서 가족이 해체되고 무너진 상황을 극복하고자 했다. 즉 제사는 가족주의의 회복이자 마을의 회복이며, 더 나아가 국가의 회복이기도 했다. 그렇게 고려 말의 전란으로 인한 붕괴된 사회 질서는 천천히 복구되었다.

다만 시작 때 의도는 좋았으나 제사 역시 오랜 평화와 함께 시간이 흐르면 흐를수록 처음의 목적과 가치는 옅어지고 제도와 형식만을 강조하며 이어졌다. 그 결과 지금은 제사 자체를 기피되는 문화가 되고 말았네. 가족의 화목이 아니라 짜증나게 만드는 제도가 되어버렸으니…. 덩달아 제기로 사용된 그릇들의 중요한 가치마저 그다지 관심 없어진 것 같아 안타깝다.

　　이렇게 한국의 제사 문화를 보니, 오늘따라 복잡하고 복잡한 일본의 다도 문화까지 조금은 이해할 수 있을 듯하다. 무려 150년 가까이 전쟁을 벌이며 서로를 죽이고 죽이는 일로 가득했던 전국 시대. 이를 극복하는 과정에서 전국의 다이묘들은 차를 통해, 더 정확히는 엄격한 형식을 강조한 다도를 통해 질서를 회복하고자 했다.

　　그 과정에서 전란 전에는 화려한 중국 찻그릇을 쓰던 그들이 전란을 마감하는 시기가 되면 담담한 미감의 분청사기를 찻그릇으로 사용한 것도 조선의 경험을 통해 한편으로 이해할 수 있겠군. 바로 전 시대에 대한 통절한 반성이 아닐까 싶다. 그런 만큼 당시 기준으로 일본보다 문화적으로 선진국인 조선이 전란 극복 후부터 사용하던 분청사기에 점차 큰 매력을 느낀 것이 아닐까?

개인적으로 볼 때 일본의 초기 다인들은 동시대 조선이 사용하던 분청사기가 어떤 의미를 지닌 그릇이었는지 충분히 이해하고 있었다고 여겨진다. 결국 야나기 무네요시의 천한 민기(民器)에서 비범한 아름다움을 간파한 것이야 말로 초기 다인들의 역량이라 칭찬한 부분은 근대 시절 한반도보다 물질·문화적으로 우위가 된 뒤의 일본 기준에서 선보인 재해석일 뿐. 분청사기 그릇을 일본에서 찻그릇으로 사용할 때는 엄연히 조선이 문화적으로 우위에 있던 시절이었으니까. 그런 만큼 조선의 그릇과 물건을 보는 기준도 과거의 일본에서는 다를 수밖에…. 한때 우리도 근대부터 1990년대까지만 해도 일본의 일반 가정에서 쓰는 식기, 가구, 전자 제품 등 지금 눈으로 보면 정말 아무것도 아닌 것까지 부러워한 적이 있었지. 이는 근대 이후 일본이 한반도보다 우위에 있던 시절이 만들어낸 모습이었다.

　그러나 분청사기를 받아들인 일본인들 역시 결국 조선의 제사 문화와 비슷한 과정을 따라가게 된다. 담담한 미감의 분청사기에 여러 평가와 조건을 따지며 굳이 명품을 하나하나씩 골라내더니 누가 사용했는지에 따라 가격은 천정부지로 오르며, 누가 보아도 복잡하고 엄격한 격식을 따지는 다도 문화가 만들어진 것이다.

그럼에도 불구하고 나는 야나기 무네요시의 철학에 일부 동조하는 면이 있다. A급 물건, 즉 귀족이나 돈이 풍족한 사람이 즐기는 물건이 아닌 일반 사람들이 자연스럽게 사용하던 물건까지 그 가치를 찾아 설명한다는 것은 중요한 사고의 전환이기 때문. 그는 민예품으로 이들을 정의하면서 실용성을 지닌 대중적 그릇에서도 또 다른 깊이를 찾고자 했다. 우리 역시 누가 보아도 A급으로 보이는 유물뿐만 아니라 비록 질은 떨어지더라도 그 숨은 가치를 찾아 의미를 부여하여 여러 유물을 적극적으로 보여주는 자세가 필요한 시점이라 생각된다.

B급 감성이라고 요즘 유행하는 말이 있다. 이를 볼 때 지금도 그렇고 옛날도 그렇고 세상은 단순히 겉보기 좋고 아름다운 것에만 매력을 느끼는 게 아니다. 수년 간 깊이 감상한 결과 분청사기는 바로 그런 다양한 맛이 느껴지는 도자기가 아닐까 싶다.

분청사기 미감에 대한 해석

자, 1층에서 특별전을 보고 나와 이제 계단을 타고 올라간다. 건물 중간 계단으로 2층에 도착하면 회화실이 나온다. 여기서 먹으로 그려진 그림을 쭉 보다보니 어느새 컬러가 화사한 불화가 보이는군. 감상을 좀 하다가 바로 옆에 있는 긴 복도식 계단으로 3층으로 올라가 불상 전시실에 도착했다.

아하, 그래 그래. 일본은 선불교 사상에 따라 예쁘고 유려한 형태의 그릇이 아닌 투박하고 간단히 손질된 그릇에도 관심을 가지면서 남다른 다도 문화를 만들었다고 하지. 그런데 비슷한 미감이 저쪽 불상 전시실에도 보이네. 통일신라 말기에서 고려 초기에 만들어진 거대한 불상이 박물관 3층 동쪽 끝에 두 분 계시다.

크기가 무척 큰 부처 조각인데, 이런 말을 해도 괜찮을까 싶지만 몸 비례가 안 맞고 얼굴은 좀 못생겼다. 음, 바로 옆에 위치한 통일신라 전성기 시점 사실적으로 균형 잡힌 불상과 비교해보면 그 차이가 더 두드러지게 느껴진다. 완벽한 비례감을 강조하던 불상과 비교되는 추상적으로 조각된 불상. 그러나 이 역시 신라 말 유행한 선불교에 의해 등장한 차이였다. 단번에 깨우치면 누구나 부처가 될 수 있다는 선불교 사상이 유행하자 부처 조각 역시 이전에 비해 못 생긴 형태가 되어도 큰 문제가 되지 않았던 것. 겉모습이 아닌 안의 불성을 중시하며 생겨난 변화였다.

이렇듯 특정한 나라의 특정 시대의 사상과 표현이라 여긴 것이 다른 국가의 또 다른 시대에도 비슷한 형식이나 표현으로 등장하고 있었다. 그러니 이를 우리만이 가지고 있는 독특한 미감이라 자부할 필요도 없고 우리와 다른 미감이라며 무시할 필요도 없어 보인다. 결국 유행은 시간과 공간을 넘어 돌고 도는 거니까.

마지막으로 3층에 있는 분청사기 전시실에 도착했다. 오늘은 여기까지만 봐야지.

국립중앙박물관은 한국을 대표하는 박물관이라

감산사 석조아미타불입상. 719년. 국립중앙박물관. ⓒPark Jongmoo

철조불좌상. 고려 11세기. 국립중앙박물관. 단번에 깨우치면 누구나 부처가 될 수 있다는 선불교 사상이 유행하자 부처 조각 역시 이전에 비해 못생긴 형태가 되어도 큰 문제가 되지 않았다. 두 불상 비교를 통해 사실적인 묘사를 한 통일신라 불상에서 추상적 묘사를 한 고려 시대 불상으로의 변화된 모습을 잘 볼 수 있다. ⓒPark Jongmoo

분청사기도 다양한 종류를 갖추고 있다. 그런데 이 중에서 내가 가장 좋아하는 도자기는 국보 260호 분청사기 박지철채모란문자라병(粉靑沙器剝地鐵彩牡丹文扁甁)이다. 박지기법으로 모란을 새기고 그 배경에는 철로 색을 넣은 자라 모양의 병이다. 깔끔하고 세밀하게 조각된 모란꽃과 그릇의 긴장감 흐르는 디자인에서 귀티와 격이 무척 높게 느껴지는군.

이 그릇은 디자인을 볼 때 전라도에서 만들어진 15세기 후반의 분청사기다. 즉 조선 최고의 전성기인 세조~성종 시대에 만들어진 도자기라 하겠다. 이에 분청사기 특유의 소박하고 담담한 미감을 유지하면서도 그 안에서 남다른 귀티와 자신감을 자연스럽게 표현하고 있네. 이런 표현이야말로 세조~성종 시대, 즉 조선 전성기 시절을 그대로 보여주는 것 같다. 이처럼 분청사기 역시 최고 수준의 물건은 고려, 중국 것 못지않게 조선식으로 당당함과 귀족적인 느낌을 갖추고 있었다. 그리고 난 이런 미감의 분청사기를 특히 좋아한다. 마치 당당한 모습을 한 선비처럼 느껴지니까.

박지철채모란문자라병. 국립중앙박물관. 기형과 장식 모든 면
에서 남다른 귀티가 느껴지는 분청사기다. 세조~성종 시대
만들어진 도자기이며, 바로 이런 미감이 15세기 조선 상위 계
층이 지니고 있던 미적 감각이었던 것이다. ⓒPark Jongmoo

또 다시 일본에서

2018년 늦은 봄, 나는 도쿄역 근처에 있는 미쓰이 기념미술관(三井記念美術館)에 가는 중이다. 이곳 도쿄역 주변에는 이데미츠미술관, 미쓰비시미술관, 브리지스톤미술관(한동안 문을 닫았다가, 2020년 아티존 미술관이라는 새이름으로 개관) 등이 있기에 이 주변을 방문하면 네 곳을 가능한 다 방문하려 노력한다. 더해서 도쿄역 앞의 여러 고미술 가게도 추가. 고미술 가게에 들어가 여러 고미술품을 감상하면서 각각의 가격까지 살펴보는 것은 너무 재미있는 일이라서 말이지. 덕분에 도쿄에 오면 숙소는 도쿄역 근처 또는 우에노 공원 쪽에 잡는 경우가 많다.

오늘 미쓰이기념미술관에는 마츠다이라 후마이(松平不昧, 1751~1818년) 전시가 있다. 사후 200년을 기념하여 한때 그가 수집했으나 지금은 뿔뿔이 흩어진 다도 기물을 모아 보여주는 콘셉트의 전시라 하더군. 스토리는 다음과 같다. 도쿠가와 이에야스의 후손이자 시마네현 영주였던 마츠다이라 후마이는 조선에서 인삼을 가져와 재배해 큰돈을 벌어 영지를 부강하게 하더니, 그 뒤로 열심히 다도 관련한 물건을 비싼 가격으로 사는 바람에 이번에는 영지를 가난하게 만든다. 그 결과 그가 수집한 물건은 영지를 유지하기 위해 도로 전국으로 팔려나가고 말았다.

이렇듯 부자가 가난해질 만큼 모았던 만큼 컬렉션의 질과 규모는 대단하였다. 오죽하면 그의 적극적인 수집과 관심으로 인해 일본 다도가 부흥했다고 평가받을 정도. 그런데 마츠다이라 후마이가 구입한 찻그릇 중 하나가 전설의 이도다완 '기자에몬(喜左衛門)'이라는 사실.

"오호. '기자에몬'을 보기 위해 모인 사람이 이렇게 많은 것인가?" 전시실에서 나는 감탄을 한다. 역시나 인기가 대단하네.

조선에서 시작된 분청사기, 그러나 그 분청사기가 백자로 완전히 대체되면서 한반도에서는 잊힌

이도다완 기자에몬. 미쓰이기념미술관.

웅천도요지전시관에서 만난 도자기 파편 중 밑굽. 일본이 가장 높게 평가하는 찻그릇인 기자에몬은 웅천에서 만들어진 도자기가 아니었을까? 특히 웅천도요지에서 출토된 파편과 기자에몬의 밑굽을 비교해보자. 유약이 주름같이 갈라지거나 방울지는 모습(매화피)이 동일하게 나타나고 있거든. 이런 매화피 현상은 웅천 도자기의 특징 중 하나였다. ©Hwang Yoon

기억이 된 시기에도 일본에서는 분청사기의 매력에 대한 관심을 이어갔다. 그래서일까? 에도 시대와 근대 시대까지 분청사기를 모방하여 꾸준히 그릇을 제작하였고, 지금도 일본의 수준 높은 음식점에서는 분청사기를 닮은 현대 그릇들이 음식이나 술을 채우고 손님에게 올라온다.

그렇다면 우리는 일본에 있는 여러 분청사기를 통해 무엇을 이해해야 할까? 글쎄. 그동안 여러 장소를 다니며 이미 많은 이야기를 했으니 마지막으로 이 부분만 더 언급하기로 하자. 2010년쯤인가? 안타깝게도 그때 도록을 사지 않아서 그런지 정확한 시일이 잘 기억 안 난다. 여하튼 중국 북경 여행에서 흥미로운 것을 본 적이 있다. 당시에도 북경에 온 김에 여러 박물관을 돌다 북경수도박물관을 방문했는데, 꽤 시간을 들여 중국의 온갖 화려한 A급 관요 도자기 및 유물을 감상할 수 있었다. 마침 박물관 특별전에서는 중국 수출 도자기를 모아 전시하고 있더군. 중국이 명나라 · 청나라 시대 유럽으로 수출했던 도자기를 유럽의 박물관으로부터 빌려와 전시를 꾸민 것이다.

이때 기억에 선명히 남은 것은 수출 도자기의 모습뿐만 아니라 이를 감상하는 관람객의 표정이었다. 해당 전시를 보는 중국인들의 표정은 자부심으로 가득해 보였거든. 중국에서는 민간에서 사용하던 수준의 도자기가 유럽에서는 엄청난 보물처럼 평가받았으니 말이지.

이처럼 한 나라가 다른 한 나라 또는 지역에 문화를 전달하여 영향을 미친 것은 대단히 자부심을 가질 만한 일이다. 그런데 우리는 일본으로 건너간 분청사기를 포함한 이도다완 같은 찻그릇을 볼 때마다 슬픔과 비애의 감정, 더 솔직히는 임진왜란으로 도자기 기술과 문화를 빼앗겼다는 질투심까지 넣어 바라보니, 우리가 만든 것인데도 한국 박물관에서는 거의 언급하지 않는 희한한 상황이 되어버린 것이다. 이것이 과연 올바른 일일까? 오히려 한국에서 만든 도자기가 일본에 큰 영향을 준 것에 대해 남다른 자부심을 가지면 좋겠군. 그리고 이런 내용을 앞으로는 국내 박물관에서도 당당히 전시하면 좋겠다.

미쓰이기념미술관 전시를 감상하고 나오니, 또다시 머릿속에서 여러 생각이 든다. 이제 우리도 남다른 문화와 경제력을 갖춘 만큼 패배주의적 사고에서 벗어나면 좋겠다. 세상은 돌고 또 도는 거니까. 마침 조선 시대 선비들이 남긴 말이 떠오른다.

역사적 사건의 옳고 그름은 그 사건의 성공과 실패와는 무관한 것이며, 오히려 성공과 실패는 운

과 관련된 것이지 옳고 그른 것과 연결시켜서는 안
된다. 따라서 성공한 자를 무조건 옳다고 보는 것
도 바르지 못하다.

율곡 이이

대저 한 번 번성하면 한 번 쇠퇴하고, 한 번 쇠퇴
하면 한 번 번성하는 것이니, 천하의 만물 중에는
무엇이 그렇지 않겠는가?

송시열

지금까지 살펴보았듯 분청사기는 동시대 주변국
보다 남달리 번성하던 조선 전기에 만들어진 그릇
이다. 특히 전성기인 세종, 세조 시대에 가장 뛰어
난 그릇들이 제작되었다. 그리고 그 매력은 제작지
였던 한반도뿐만 아니라 일본, 현재는 미국을 포함
한 여러 국가에까지 알려지고 있다. 그럼에도 불구
하고 현대를 사는 우리는 그동안 단순히 그 형태만
보고 편견을 지닌 채 분청사기를 본 것이 아닐까?
이제 분청사기가 지닌 역사와 독특한 매력을 더욱
적극적으로 이해하며 바라보면 어떨까?

에필로그

그동안 일상이 고고학 시리즈를 책으로 엮으면서 방문한 유적지와 관련 유물을 방문 순서에 맞추어 이야기하는 여행기를 주로 썼다. 이런 모습을 대표하는 책 중 하나가《일상이 고고학, 나 혼자 경주 여행》으로 1박 2일간 경주를 여행하면서 신라 역사 전반을 살펴보는 형식이지.

이는 근래 유행하는 여행 유튜브 모습을 책으로 옮겨보려는 단순한 아이디어에서 시작한 것이다. 여행을 좋아해서 유튜브 여행 채널을 종종 보는데, 여행 유튜브는 주로 구독자들과 지금 함께 여행하는 것처럼 편집하더군. 이 남다른 현장감 덕분인지 많은 구독자들이 흥미롭게 보며 반응도 좋은 듯했다. 혹시 이런 매력적인 현장감이 책이라는 형식을 통해서도 가능할지 도전하고 싶었거든. 물론 영상이 아닌 문자를 이용하는 만큼 유튜브보다 깊이를 넣어서 말이지. 깊이 있는 정보 전달에 있어서는 여전히 문자가 최고니까.

하지만 분청사기를 지금까지의 일상이 고고학 시리즈 콘셉트로 쓰려 하니, 조금 막막하게 느껴졌다. 꽤 넓은 공간에 분청사기를 오밀조밀 전시하고 있는 국립중앙박물관조차도 단순히 해당 공간만 방문한 이야기로는 충분한 콘텐츠가 나오지 않더군. 분청사기 전시 규모치고는 큰 편이라 해도 전시실이 약 100평 정도에 불과하기 때문. 쓱 한 바퀴 돌면 10여 분, 전시품 하나하나 열심히 보아도 1시간 규모가 안 될 듯싶었다.

그래서 고민 끝에 이번 책은 새로운 변화를 주기로 했다. 과거부터 현재까지 내가 흥미롭게 본 미술 전시를 하나의 주제로 묶어보기로 한 것. 이 과정에서 단순히 분청사기뿐만 아니라 도자기 제작 기술로 볼 때 분청사기와 연결점이 깊은 이도다완까지 스토리를 쭉 연결해보았다. 가능한 한 분청사기의 시작부터 전성기를 지나 마지막 모습까지 보여주고 싶었거든. 그 과정에서 한반도에서는 그 존재감이 점차 희미해졌으나 타국에서 화려한 생명을 이어가는 모습 역시 보여주고자 했다.

이렇게 책을 쓰다 보니 그동안 전시를 참 많이도 보러 다녔구나. 아무래도 한국을 포함하여 일본까지 매력적인 전시가 있다면 찾아가다보니 그리 된 듯. 대신 단순히 내가 전시를 보았던 시간 순서에 따라 원고 배치를 하지 않고, 분청사기 흐름의 진행상 이 정도에서 언급되면 좋겠다는 부분에 관련 전시를 넣어 전체 이야기를 구성하였다. 처음에는 전시를 본 시간에 따라 배치하려 했지만, 이런 방식으로는 자연스러운 스토리텔링을 구성하기 어려워서 말이지. 결국 그동안 본 전시를 재배치하여 분청사기를 소개하는 책이라 할 수 있겠다.

이처럼 새로운 시도로 만든 책이라 약간 걱정되는 것도 사실. 독자 여러분들의 따뜻한 관심과 응원을 부탁드릴 수밖에….

그럼 다음 책에서 새로운 주제로 다시 만나요~

참고문헌

강경숙, 《한국도자사》, 일지사, 1995.

김윤희, 慶南地域 朝鮮 前期 白磁 考察 1 : 河東 白蓮里 白磁를 중심으로, 문물연구, 2007.

김인규, 야나기 무네요시(柳宗悅)의 조선다완론 (朝鮮茶碗論)에 대한 고찰, 미술사와시각문화, 2009.

노근숙, 일본 초암차의 형성과정을 통해 본 차문화 구조에 관한 연구, 원광대학교, 2009.

노근숙, 河演의 茶詩 硏究 −茶詩와 茶文化의 關係−, 2006, 동북아문화연구, 2006.

신나경, 이도다완(井戸茶碗)을 통해 본 일본인의 미의식과 조선관(朝鮮觀), 한국동양예술학회, 2022.

민덕기, 조선은 왜 일본과의 통교관계를 중국에 감추려 했을까? －조선 前期를 중심으로－, 한일관계사연구, 2018.

박전열, 남방록 연구, 이른아침, 2012.

박전열, 도요토미 히데요시 다도의 정치적 요소, 일본사상, 2010.

박전열, '일기일회'와 '독좌관념'을 통해본 일본다도의 수양적 성격, 일본학보, 2013.

박혜란, 조선 시대의 차문화산업 육성정책 연구, 조선대학교, 2019.

이은주, 일본 「わび茶」의 성립에 관한 고찰 : 무라타 주코에서 센노 리큐까지, 경희대학교, 2004.

신동규, 《海東諸國紀》로 본 中世日本의 國王觀과 日本國王使의 성격, 한일관계사학회, 2007.

심민정, 삼포왜란의 발생원인과 대마도, 동북아시아문화학회, 2013.

야나기 무네요시, 공예문화, 신구문화사, 1993.

야나기 무네요시, 다도와 일본의 미, 소화, 2004.

야나기 무네요시, 수집이야기, 산처럼, 2008.

야나기 무네요시, 조선과 그 예술, 신구문화사, 2006.

유연성, 《해동제국기》의 군사적 성격 고찰, 전북사학, 2021.

이미숙, 중세 일본의 茶文化와 이도다완(井戶茶陽)에 대한 小考, 강원사학회, 2008.

정지훈·이상재, 《조선왕조실록》을 통해 본 한국의 차문화, 대한예방한의학회지, 2013.

조용란, 《고보리엔슈차회기집성(小堀遠州茶會記集成)》에 나타난 고려다완 고찰, 한국차학회지, 2019.

조용란, 와비차(侘茶)에서의 고려다완 수용 고찰 —《남방록(南方錄)》과 《산상종이기(山上宗二記)》를 중심으로, 한국차학회지, 2018.

한문종, 조선전기 한일관계와 對馬, 동북아역사논총, 2013.

한문종, 조선전기 한일관계와 1407년의 의미, 지역과역사, 2008.

茶の湯のうつわ 전시도록, 2017, 이데미츠미술관.

茶の湯 전시도록, 도쿄국립박물관, 2017.

禪 心をかたちに 전시도록, 2016, 도쿄국립박물관.

일상이 고고학 나 혼자 분청사기 여행

1판 1쇄 인쇄 2022년 12월 30일
1판 1쇄 발행 2023년 1월 12일

지은이   황윤
펴낸이   김현정
펴낸곳   책읽는고양이

등록   제4-389호(2000년 1월 13일)
주소   서울시 성동구 행당로 76 110호
전화   2299-3703
팩스   2282-3152
홈페이지   www. risu. co. kr
이메일   risubook@hanmail. net

ⓒ 2023, 황윤
ISBN 979-11-92753-02-7 03910